Widerspruch gegen einen
gerichtlichen Mahnbescheid

Rechtsanwalt
Thomas Hollweck

Widerspruch gegen einen gerichtlichen Mahnbescheid

Eine Schritt-für-Schritt Anleitung
zum Vorgehen gegen einen
gerichtlichen Mahnbescheid

Rechtsberatung im Buchformat
Kanzlei Hollweck
- Berlin -

Bibliografische Information der Deutschen Nationalbibliothek:
Die Deutsche Nationalbibliothek verzeichnet diese Publikation in der Deutschen
Nationalbibliografie; detaillierte bibliografische Daten sind im Internet
über http://dnb.dnb.de abrufbar.

© 2014 Rechtsanwalt Thomas Hollweck
Karl-Liebknecht-Straße 34, 10178 Berlin
Homepage: www.kanzlei-hollweck.de
1. Auflage Dezember 2014
Herstellung und Verlag:
BoD - Books on Demand GmbH, Norderstedt
ISBN: 978-3-7347-3948-4
Printed in Germany

Inhaltsverzeichnis

1 Vorbemerkungen..........9
   1.1 Wie hilft Ihnen dieser Ratgeber?..........10
   1.2 Wie versende ich meine Schreiben?..........11

2 Wichtige Informationen zum Mahnbescheid 13
   2.1 Was ist ein gerichtlicher Mahnbescheid?..........13
   2.2 Welchem Zweck dient ein Mahnbescheid?..........13
   2.3 Warum wird ein Mahnbescheid zweckentfremdet?..........14
   2.4 Darf ein Mahnbescheid ergehen, trotz Widerspruch gegen die Forderung?..........14
   2.5 Warum ist ein Mahnbescheid harmlos, wenn ich richtig reagiere?..........14
   2.6 Warum ist die Widerspruchsfrist mit zwei Wochen so kurz angesetzt?..........15
   2.7 Was passiert, wenn ich die Frist zum Widerspruch verpasst habe?..........16
   2.8 Warum versenden Inkassounternehmen die meisten Mahnbescheide?..........16

3 Wie widerspreche ich einem Mahnbescheid?..........19
   3.1 Wie lege ich gegen den Mahnbescheid Widerspruch ein?..........19
   3.2 Soll ich einen Komplett- oder Teilwiderspruch einlegen?..........19
   3.3 Wie verhalte ich mich, wenn die Forderung berechtigt ist?..........20

4 Wie geht es weiter, wenn die Forderung bekannt, aber unberechtigt ist?..........21
   4.1 Musterbrief an das Inkassobüro nach Widerspruch gegen den Mahnbescheid..........22
   4.2 Was bewirkt dieser Brief?..........23
   4.3 Weiteres Vorgehen nach Widerspruch gegen die Inkassomahnung..........24

5 Wie geht es weiter, wenn mir die Forderung unbekannt ist?..........27
   5.1 Wieso liegt keine Rechnung oder Mahnung vor?..........27
   5.2 Was spricht gegen die im Mahnbescheid abgerechneten Forderungen?..........28
   5.3 Musterbrief an das Inkassobüro nach Widerspruch gegen den Mahnbescheid..........29
   5.4 Was bewirkt dieser Brief?..........30
   5.5 Weiteres Vorgehen nach Widerspruch gegen die Inkassomahnung..........31

6 Wie geht es weiter, wenn ich schon zuvor widersprochen habe?..........35
   6.1 Warten auf das Anschreiben der Gegenseite..........35
   6.2 Was spricht gegen die im Mahnbescheid abgerechneten Forderungen?..........36
   6.3 Musterbrief an das Inkassobüro nach Widerspruch gegen den Mahnbescheid..........36
   6.4 Was bewirkt dieser Brief?..........37
   6.5 Weiteres Vorgehen nach Widerspruch gegen die Inkassomahnung..........38

7 Wie geht es weiter, wenn es sich um eine vollständig berechtigte Forderung handelt?...41
   7.1 Musterbrief an das Inkassobüro nach Widerspruch gegen den Mahnbescheid..........43
   7.2 Was bewirkt dieser Brief?..........44
   7.3 Weiteres Vorgehen nach dem Vorschlag zur gütlichen Einigung..........45

8 Wie geht es weiter, wenn es sich um eine teilweise berechtigte Forderung handelt?..........49
   8.1 Musterbrief an das Inkassobüro nach Widerspruch gegen den Mahnbescheid..........50
   8.2 Was bewirkt dieser Brief?..........51
   8.3 Weiteres Vorgehen nach Vorschlag zur gütlichen Einigung..........53

9 Wichtige Hinweise zu Inkassomahnungen..........57
   9.1 Was macht ein Inkassobüro?..........57
   9.2 Erfährt das Inkassobüro von meinem bereits geäußerten Widerspruch?..........57
   9.3 Darf eine widersprochene Forderung an ein Inkassobüro verkauft werden?..........58
   9.4 Darf das Inkassobüro widersprochene Forderungen annehmen?..........58
   9.5 Kann ich dem Inkassobüro eine gütliche Einigung vorschlagen?..........58
   9.6 Darf das Inkassobüro einen Gerichtsvollzieher beauftragen?..........59
   9.7 Darf ein Inkassounternehmen einen Schufa-Negativeintrag veranlassen?..........59

10 Informationen zur Schufa **61**
    10.1 Was macht die Schufa? 61
    10.2 Wann kommt es zu einem negativen Schufa-Eintrag? 61
    10.3 Musterbrief, um einen versehentlichen Schufa-Eintrag löschen zu lassen 62

11 Rechtliche Informationen und Hinweise **63**
    11.1 Wie lange soll ich meine Unterlagen aufbewahren? 63
    11.2 Wie versende ich einen Forderungswiderspruch korrekt? 63

Vorwort

Dieser Ratgeber hilft Ihnen, wenn Sie einen gerichtlichen Mahnbescheid erhalten haben. In einem solchen Fall müssen Sie umgehend reagieren, da Ihnen lediglich zwei Wochen für den Widerspruch verbleiben. Gerade aufgrund dieser Eile können erhebliche Fehler passieren. Handeln Sie falsch, so entsteht Ihnen ein Schufa-Negativeintrag, und es liegt ein vollstreckbarer Titel gegen Sie vor. Mit dessen Hilfe kann die Gegenseite einen Gerichtsvollzieher beauftragen oder eine Konto- und Gehaltspfändung beantragen. Es ist daher von größter Wichtigkeit, bei einem gerichtlichen Mahnbescheid schnell und in der richtigen Weise zu reagieren.

Mit Hilfe dieses Ratgebers erfahren Sie, wie Sie dem Mahnbescheid rechtssicher widersprechen können. Darüber hinaus schildert es Ihnen, wie Sie zusätzlich ein Widerspruchsschreiben gegen die Gläubigerseite formulieren, falls Sie bislang noch keinen rechtssicheren Widerspruch gegen die Forderung vorgebracht haben. In vielen Fällen reicht es keineswegs aus, nur dem Mahnbescheid zu widersprechen. Es muss unbedingt ein Schreiben an die Gegenseite verfasst werden, um sämtliche negative Konsequenzen abwehren zu können. Mein Ratgeber stellt Ihnen die dafür passenden konkreten Musterbriefe zur Verfügung.

Die meisten Mahnbescheide in Deutschland werden von Inkassounternehmen oder Rechtsanwaltskanzleien beantragt. Das Buch richtet sich daher in erster Linie gegen den von einem Inkassodienstleister oder von einer Anwaltskanzlei kommenden Mahnbescheid. Stammt der Mahnbescheid direkt vom Gläubiger, egal ob Unternehmen oder Privatperson, so ist dieser Ratgeber natürlich genau so gut anwendbar.

Dieses Buch stellt eine umfassende Rechtsberatung in Buchform dar, die genau auf den plötzlichen Erhalt eines Mahnbescheids zugeschnitten wurde. Ihnen wird der Reihe nach geschildert, welche Vorgehensweise anzuraten ist. Darüber hinaus bietet Ihnen der Ratgeber zahlreiche rechtliche Erläuterungen. Mein Ziel lag darin, die Rechtsmaterie anschaulich darzustellen, damit auch für den juristischen Laien keine Fragen offen bleiben.

Ich habe das Buch selbst geschrieben, korrigiert, lektoriert und das Layout erstellt. Es ist damit eine vollständige Eigenproduktion der Kanzlei Hollweck. Natürlich habe ich mir die größte Mühe gegeben, um Fehler zu vermeiden. Sollte sich dennoch der eine oder der andere eingeschlichen haben, so bitte ich um Nachsicht.

Haben Sie Verbesserungsvorschläge oder Anregungen zu diesem Ratgeber, so können Sie mir diese gerne mitteilen. Ich freue mich über jeden Hinweis, wie ich meine Schriften noch besser gestalten kann.

Thomas Hollweck
Rechtsanwalt
Berlin im Dezember 2014

1 Vorbemerkungen

Haben Sie per Post einen gerichtlichen Mahnbescheid erhalten, so ist eine schnelle Reaktion unbedingt erforderlich. Ihnen verbleiben lediglich zwei Wochen, um dem Mahnbescheid widersprechen zu können. Insofern ist zeitnahes schnelles Handeln von allergrößter Wichtigkeit. Verpassen Sie die Frist zum Widerspruch, so erleiden Sie erhebliche Nachteile. Ihnen droht ein Negativeintrag in der Schufa, und es kann passieren, dass der Gläubiger einen Titel gegen Sie erwirkt. Mit Hilfe des Titels kann ein Gerichtsvollzieher beauftragt werden, der in Ihr Vermögen vollstreckt, oder es kann durch den Gläubiger eine Konto- und Gehaltspfändung veranlasst werden.

Das Problem dabei ist, dass im Rahmen des Mahnbescheids keine gerichtliche Überprüfung des Sachverhalts vorgenommen wird. Das mit dem Erlass des Mahnbescheids beauftragte Amtsgericht nimmt den Auftrag an und führt ihn ohne Prüfung aus. Es versendet den Mahnbescheid auf Wunsch des Gläubigers und achtet in keinster Weise darauf, welche Nachteile Ihnen als Empfänger entstehen können. Damit ist dem Missbrauch durch den Gläubiger Tür und Tor geöffnet.

Um die vom Mahnbescheid ausgehenden erheblichen Nachteile zu vermeiden, schildert Ihnen dieser Ratgeber, wie Sie einen korrekten Widerspruch gegen den Mahnbescheid einlegen. Zwar liegt dem Mahnbescheid bereits ein Widerspruchsformular bei, welches auf den ersten Blick einfach zu meistern scheint. Doch dieses birgt eine große Falle. Ich zeige Ihnen daher in diesem Buch auf, wie Sie einen korrekten Widerspruch einlegen, ohne dass Ihnen Nachteile drohen.

Zeitgleich mit dem Widerspruch über das beigefügte Formular empfehle ich einen schriftlichen Widerspruch an die Gegenseite zu richten. Erfahrungsgemäß reicht lediglich der Formular-Widerspruch nicht aus, um Nachteile zu verhindern. Wird nur das Formular zum Widerspruch genutzt, so kann dies dennoch zu einem Schufa-Negativeintrag führen. Wurde zuvor noch kein rechtssicherer schriftlicher Widerspruch gegen die Forderung eingelegt, so handelt es sich um eine bislang nie widersprochene Forderung. Wird nun ausschließlich das Formular zum Widerspruch gegen den Mahnbescheid genutzt, so kann am Ende in Ihrem Schufa-Datenbestand zwar der Vermerk „Forderung widersprochen" stehen. Der Eintrag an sich bleibt jedoch erhalten, ist für die Außenwelt sichtbar und führt zu einer Herabsetzung Ihres Score-Wertes bei der Schufa.

Das passiert nicht, wenn der Forderung bereits außerhalb des Mahnbescheids-Verfahrens widersprochen wurde. Ist das noch nicht geschehen, so sollte spätestens mit Erhalt des Mahnbescheids ein solcher außergerichtlicher Widerspruch erfolgen, um den Schufa-Negativeintrag doch noch zu verhindern. Dieser Ratgeber zeigt Ihnen, welche Schritte zu veranlassen sind, und gibt Ihnen die richtigen Musterbriefe mit auf den Weg.

Handelt es sich um eine berechtigte Forderung, so besteht die Gefahr, dass der Schuldner den Mahnbescheid widerstandslos hinnimmt und keinen Widerspruch einlegt. Ist die Forderung nur zu einem Teil berechtigt, so kann der Schuldner in Versuchung geraten, einen Teilwiderspruch einzulegen. Beides sollte unbedingt vermieden werden, es sei denn, es wurde zuvor ausdrücklich mit dem Gläubiger abgesprochen. Ansonsten droht ein über Jahre hinweg bestehender Schufa-Negativeintrag und die Konsequenz aus einem vollstreckbaren Titel. Um diese von vielen Inkassounternehmen oder Rechtsanwaltskanzleien ausgelegte Falle zu umgehen, schildert Ihnen mein Ratgeber den Umgang mit einer berechtigten Forderung in einem extra Kapitel.

1.1 Wie hilft Ihnen dieser Ratgeber?

Dieses Buch ist speziell dafür konzipiert worden, gegen Forderungen vorzugehen, für die ein gerichtlicher Mahnbescheid erlassen wurde. Darüber hinaus hilft es Ihnen, bei berechtigten Forderungen die Nachteile eines Mahnbescheids abzuwehren. Im folgenden liste ich Ihnen exemplarisch diejenigen Punkte auf, warum der Ratgeber für Ihre Situation besonders hilfreich sein kann:

Widerspruch gegen unberechtigte Forderungen: Ich kenne Fälle der Geltendmachung von unberechtigten Forderungen seit vielen Jahren und weiß daher genau, wie gegen solche vorgegangen werden kann. In diesem Buch finden Sie eine exakte Anleitung mit den entsprechenden Mustertexten und Musterbriefen, um Widerspruch gegen die Zahlungsaufforderungen einlegen zu können, die im Rahmen des Mahnbescheids geltend gemacht wurden. Es reicht nicht aus, nur gegen den Mahnbescheid Widerspruch einzulegen, wenn der Hauptforderung bislang nie rechtssicher widersprochen wurde. Zeitgleich muss unbedingt ein Schreiben an die Gegenseite gerichtet werden, welche den Mahnbescheid beantragt hat.

Widerspruch gegen berechtigte Forderungen: Selbst wenn die ursprüngliche Forderung berechtigt war, sollten Sie einen gerichtlichen Mahnbescheid nicht hinnehmen, wenn Sie das mit dem Gläubiger zuvor nicht abgesprochen haben. Ihnen droht sonst ein Schufa-Negativeintrag und eine Zwangsvollstreckung oder Konto/Gehaltspfändung. Da ein Mahnbescheid selbst bei berechtigten Forderungen rechtswidrig eingesetzt werden kann, zeigt Ihnen dieser Ratgeber auf, wie Sie Nachteile verhindern können. Ihnen wird gezeigt, wie Sie dem Mahnbescheid und der Forderung widersprechen, und anschließend eine gütliche Einigung mit dem Gläubiger finden. Das Ziel liegt darin, dass Sie nicht mehr als den berechtigten Anteil der Forderung bezahlen.

Rechtlich sichere Vorgehensweise: Das Ziel dieses Ratgebers liegt darin, Ihnen eine rechtssichere Vorgehensweise mit auf den Weg zu geben, so dass Sie nicht dazu genötigt sind, unberechtigte Forderungen im Rahmen eines gerichtlichen Mahnbescheids bezahlen zu müssen. Schritt für Schritt erkläre ich Ihnen, wie Sie vorgehen müssen, um in rechtlicher Hinsicht auf der sicheren Seite zu stehen. Das Ziel liegt darin, unter allen Umständen einen Schufa-Negativeintrag und einen vollstreckbaren gerichtlichen Titel zu vermeiden.

Für den rechtlichen Laien verständlich: Ich lege großen Wert darauf, dass Sie diesen Ratgeber gut verstehen können. Daher vermeide ich unverständliche juristische Fachbegriffe und erkläre die Vorgehensweise so, dass Sie diese ohne rechtliche Fachkenntnisse meistern können.

Konkrete Musterbriefe: Zu jedem in diesem Buch beschriebenen Schritt gebe ich Ihnen den entsprechenden Musterbrief mit an die Hand. Diese Musterschreiben sind so formuliert, dass sie alle wichtigen Rechtselemente enthalten, so dass Sie in keinem Fall der Gefahr unterliegen, etwas zu vergessen oder zu übersehen. Zusätzlich haben Sie die Möglichkeit, die Briefe an den dafür vorgesehenen Stellen an Ihre eigene Situation anzupassen. Im Anschluss an jeden Musterbrief finden Sie eine Erläuterung der einzelnen Absätze des Schreibens. Das führt dazu, dass Sie den gesamten Brief verstehen können, und genau wissen, warum etwas geschrieben und was damit bezweckt wird.

Schritt für Schritt Anleitung: Dieser Ratgeber ist in Form einer Anleitung gestaltet, die ihnen Schritt für Schritt erklärt, was Sie tun müssen. Sie können diese Anleitung als Buch einfach auf Ihrem Schreibtisch liegen oder als eBook auf Ihrem Tablet abgespeichert lassen und bei Bedarf einsehen. Kommt ein neues Schreiben auf Sie zu, so schauen Sie in den Ratgeber, wie Sie darauf zu reagieren haben. Somit haken Sie die einzelnen Schritte bis zum Ende ab und werden zu keinem Zeitpunkt alleine gelassen. Da ich die hier behandelten Mahnbescheids-Problematiken seit vielen Jahren beobachte und als Rechtsanwalt in meiner Kanzlei betreue, kann ich Ihnen mit Hilfe dieses Ratgebers die nacheinander ablaufenden Einzelschritte exakt beschreiben.

1.2 Wie versende ich meine Schreiben?

In diesem Ratgeber gebe ich Ihnen zahlreiche Musterbriefe mit auf den Weg, die Sie an die Gegenseite versenden, zeitgleich zum Erhalt eines Mahnbescheids. Wichtig ist, dass Ihre Schreiben tatsächlich ankommen, und Sie später den Zugang nachweisen können.

Immer dann, wenn eine unberechtigte Forderung erstmalig geltend gemacht wird, und Sie dieser widersprechen möchten, müssen Sie später den Zugang des Widerspruchs nachweisen können. Ist eine Forderung erst einmal widersprochen, so genügt für den weiteren Schriftwechsel eine E-Mail.

Ein einfacher Brief ist nicht ausreichend, daher empfehle ich die Verwendung eines Einschreibens mit Rückschein. Zumindest dann, wenn Sie sich erstmalig an die Gegenseite wenden und Ihren Widerspruch äußern, sollten Sie ein Einschreiben mit Rückschein verwenden.

Zusätzlich empfehle ich die Versendung per Fax und als PDF im E-Mail-Anhang. Auf diese Weise des dreifachen Versands stellen Sie sicher, dass Ihr Schreiben ankommt, und Sie können den Zugang später nachweisen.

Aus Kostengründen können Sie grundsätzlich auf das Einschreiben mit Rückschein verzichten und lediglich den kombinierten Versand aus Fax und E-Mail wählen. Achten Sie dabei unbedingt darauf, dass Sie einen Fax-Sendebericht mit der Bestätigung „ok" erhalten, und dass Sie die von Ihnen verschickte E-Mail zeitnah ausdrucken.

Erhalten Sie eine E-Mail-Eingangsbestätigung, so reicht sogar der Versand nur per E-Mail aus. Die Eingangsbestätigung beweist, dass die E-Mail am Ziel angekommen ist. Schicken Sie daher Ihre E-Mail zunächst an den Adressaten und warten ab, ob er die Mail bestätigt. Ist das der Fall, so drucken Sie E-Mail und Bestätigung aus, und verzichten auf weitere Zusendungsmethoden. Erhalten Sie keine Bestätigung, so versenden Sie Ihre Briefe zumindest noch per Fax.

Zwar ist der dreifache Versand aus Einschreiben, Fax und E-Mail am sichersten, aber auch am teuersten. Da ein Einschreiben mit Rückschein einige Euro kostet, und Sie möglicherweise mehrere versenden müssen, ist die Versendung per Fax, oder nur per E-Mail, eine günstige Alternative.

Leider verschicken meiner Erfahrung nach die wenigsten Inkassounternehmen oder Inkasso-Rechtsanwaltskanzleien eine E-Mail-Eingangsbestätigung. Es bleibt daher lediglich der Versandweg per Fax oder Einschreiben übrig. Bei größeren Unternehmen ist das anders, sie verschicken oft eine Eingangsbestätigung.

Ihren Widerspruch gegen den Mahnbescheid müssen Sie sowieso per Fax und/oder Einschreiben versenden, da Amtsgerichte die Übersendung eines PDFs nicht als wirksamen Widerspruch ansehen.

Wie soll ich meine Schreiben denn nun konkret versenden?

Widerspruch Mahnbescheid: Damit Ihr Widerspruch gegen den Mahnbescheid tatsächlich beim Amtsgericht ankommt, nutzen Sie einen Versand vorab per Fax und heben die Sendeberichtsbestätigung gut auf. Anschließend versenden Sie Ihren Widerspruch per Einschreiben mit Rückschein. Auf diese Weise stellen Sie sicher, dass der Widerspruch tatsächlich am Amtsgericht eingeht. Mit Hilfe der Sendeberichts-Bestätigung und dem Einschreiben-Rückschein können Sie später das Datum des Zugangs unproblematisch beweisen.

Widerspruch an die Gegenseite: Zumindest dann, wenn Sie zum ersten mal einen Widerspruch bei der Gegenseite einlegen, sollten Sie den sichersten Weg wählen und Ihren Brief auf dreifachem Weg versenden, also per Einschreiben mit Rückschein, per Fax mit Sendeberichtsbestätigung, und schließlich per E-Mail. Den weiteren Schriftverkehr können Sie dann nur noch per E-Mail durchführen.

Bitte lesen Sie hierzu die Ausführungen zu den einzelnen Versandmethoden weiter hinten unter Kapitel 11.2 in diesem Ratgeber. Dort erläutere ich Ihnen ausführlich die einzelnen Vor- und Nachteile der jeweiligen Versandmethoden, und wie Sie diese zu Ihren Gunsten nutzen können.

2 Wichtige Informationen zum Mahnbescheid

2.1 Was ist ein gerichtlicher Mahnbescheid?

Einen Mahnbescheid bekommen Sie direkt von der Mahnabteilung eines Amtsgerichts zugeschickt. Meist kommt der Brief in einem gelben Umschlag, auf dem außen das Datum der Zustellung notiert ist. Im Inneren des Briefes finden Sie ein doppelseitiges grau-weißes dickes Papier mit der Überschrift „Mahnbescheid".

Auf der linken Seite in der unteren Hälfte finden sich Angaben zum veranlassenden Unternehmen und der jeweiligen Rechtsanwaltskanzlei oder dem Inkassodienstleister, der das Unternehmen vertritt, sowie deren geltend gemachten Kosten. In der oberen linken Hälfte stehen die Angaben zum versendenden Amtsgericht und dessen Mahnabteilung. Auf der rechten Seite des Mahnbescheids findet sich die Hauptforderung und die Nebenforderungen.

Die Mahnung durch einen Mahnbescheid kann von jedermann bei Gericht "gekauft" werden, sie kostet lediglich ab 23 Euro, und wird von keinem einzigen Richter überprüft. Es ist ein automatisiertes Verfahren, welches online über das Internet beauftragt werden kann.

2.2 Welchem Zweck dient ein Mahnbescheid?

Ursprünglich wollte der Gesetzgeber mit dem Mahnbescheid ein einfaches Verfahren einführen, um dem Gläubiger einen „Titel" zu verschaffen. Ein Titel ist eine Urkunde, mit deren Hilfe die Zwangsvollstreckung in das Vermögen des Schuldners betrieben werden kann.

Im Normalfall entsteht ein solcher Titel dadurch, dass gegen den Schuldner vor Gericht ein Urteil gesprochen wird. Das Urteil stellt einen Titel dar, auf dessen Basis der Schuldner verpflichtet ist, den im Urteil benannten Betrag an den Gläubiger zu bezahlen. Mit Hilfe eines Titels kann der Gläubiger bei Nichtzahlung einen Gerichtsvollzieher beauftragen, der die Zwangsvollstreckung vornimmt. Nur mit Hilfe des Titels kann eine Konto- oder Gehaltspfändung beantragt werden. Zudem hat ein Titel den Vorteil, dass er erst nach 30 Jahren verjährt. Die normale Verjährungsfrist ohne Titel wäre drei Jahre.

Insofern verschafft ein Titel dem Gläubiger ein sehr wichtiges Dokument, um langfristig sein Geld zu erhalten. Ist der Schuldner momentan zahlungsunfähig, so kann der Gläubiger ein paar Jahre abwarten und das Geld später noch einmal verlangen. Immerhin hat er 30 Jahre Zeit. Verweigert der Schuldner die Zahlung, so kann der Gläubiger aufgrund des Titels einen Gerichtsvollzieher beauftragen und damit mit staatlicher Hilfe das geschuldete Geld erlangen.

Nun ist es so, dass nicht jede unbezahlte Forderung gleichzeitig unberechtigt ist. Oftmals erfolgt die Nichtzahlung seitens des Schuldners schlicht und einfach aus dem Grund, weil dieser momentan einen finanziellen Engpass hat. Er erkennt die Forderung zwar als berechtigt an, kann diese zum jetzigen Moment aber nicht bezahlen.

Für den Gläubiger besteht in einem solchen Fall die Gefahr, dass die Forderung nach drei Jahren verjährt. Er benötigt daher die Sicherheit, dass er die Zahlung vom Schuldner noch in vielen Jahren verlangen kann. Dazu braucht er einen rechtskräftigen Titel, der ihm das Einfordern des Zahlbetrags innerhalb von 30 Jahren ermöglicht. Es würde sich in solchen Fällen nicht rentieren, ein gerichtliches Klageverfahren anzustrengen, nur um einen Titel zu erhalten. Zudem würde dadurch die Gerichtsbarkeit unnötig belastet.

Um hier Abhilfe zu schaffen, hat der Gesetzgeber das Verfahren des Mahnbescheids erschaffen. Für berechtigte und unbestrittene Forderungen kann der Gläubiger dem Schuldner einen Mahnbescheid zukommen lassen. Anschließend erhält der Schuldner einen Vollstreckungsbescheid, welcher letztendlich einen „Vollstreckungstitel" darstellt, und dem Gläubiger die Möglichkeit gibt, die offene Forderung 30 Jahre lang vom Schuldner zur Zahlung zu verlangen.

2.3 Warum wird ein Mahnbescheid zweckentfremdet?

Inzwischen nutzen immer mehr Inkassounternehmen und Inkasso-Rechtsanwaltskanzleien den Mahnbescheid dazu, um zusätzlichen Zahlungsdruck auf den vermeintlichen Schuldner aufzubauen. Selbst wenn es sich um eine unberechtigte Forderung handelt, die der Schuldner durch Widerspruch eindeutig bestritten hat, lassen sie diesem einen gerichtlichen Mahnbescheid zukommen.

Auf viele macht es natürlich Eindruck, wenn plötzlich eine Zahlungsaufforderung von Gericht kommt. Die wenigsten wissen, dass die Forderung überhaupt nicht durch das Gericht überprüft wurde. Sie fürchten, dass das gerichtliche Klageverfahren bereits begonnen hat, und zahlen die unberechtigte Forderung.

Damit wird der Mahnbescheid zweckentfremdet. Bereits an der Universität lernt jeder Jurist, dass ein Mahnbescheid bei widersprochenen Forderungen nicht eingesetzt werden sollte. Leider missachten viele Inkassobüros und Rechtsanwaltskanzleien diesen Grundsatz und nutzen das Mahnbescheidsverfahren einzig und alleine um dem Schuldner Angst zu machen und ihn auf unseriöse Weise zur Zahlung zu bewegen.

2.4 Darf ein Mahnbescheid ergehen, trotz Widerspruch gegen die Forderung?

Wie eben geschildert ist ein Mahnbescheid grundsätzlich nur für berechtigte und unbestrittene Forderungen gedacht, also Schuldbeträge, gegen die kein Widerspruch eingelegt wurde. Handelt es sich um einen vernünftigen und seriösen Anwalt, so wird er bei einer bestrittenen Forderung keinen Mahnbescheid beantragen.

Erlaubt wäre es natürlich, der Mahnbescheid kann in rechtlicher Hinsicht auch bei widersprochenen Forderungen zum Einsatz kommen. Haben Sie gegen eine Forderung Widerspruch eingelegt, und erhalten dennoch einen Mahnbescheid, so können Sie daran zumindest erkennen, dass Sie es mit einem unseriösen Inkassounternehmen oder einer unseriösen Anwaltskanzlei zu tun haben.

2.5 Warum ist ein Mahnbescheid harmlos, wenn ich richtig reagiere?

Die zwei großen Gefahren, die ein Mahnbescheid mit sich bringt, sind die der Titulierung und die des Schufa-Negativeintrags. Reagieren Sie nicht richtig, so kann es passieren, dass der Mahnbescheid in Verbindung mit einem folgenden Vollstreckungsbescheid in Rechtskraft erwächst und dem Gläubiger dadurch ein vollstreckbarer Titel vorliegt. Sobald das der Fall ist, lassen viele Inkassounternehmen zeitnah einen Schufa-Negativeintrag vornehmen. Der Schaden ist auf Ihrer Seite dann doppelt vorhanden, denn durch den Titel kann der Gläubiger 30 Jahre lang in Ihr Vermögen vollstrecken, und der Schufa-Negativeintrag macht Sie in finanzieller und wirtschaftlicher Hinsicht nahezu handlungsunfähig.

Diesen Gefahren kann vorgebeugt werden, indem Sie umgehend Widerspruch gegen den Mahnbescheid einlegen. Zeitgleich wenden Sie sich schriftlich an das veranlassende Inkassounternehmen oder die Rechtsanwaltskanzlei und teilen Ihren Forderungswiderspruch mit. Dadurch entkräften Sie den Mahnbescheid und wandeln ihn in ein harmloses Forderungsschreiben um, von dem keinerlei Gefahr mehr ausgeht.

Durch den Widerspruch vermeiden Sie zum einen, dass ein vollstreckbarer Titel gegen Sie entsteht. Der Widerspruch verhindert, dass auf Basis des Mahnbescheids ein Vollstreckungsbescheid gegen Sie beantragt werden darf. Durch den rechtzeitig eingelegten korrekten Widerspruch ist der Mahnbescheid vollständig aus der Welt, es geht von diesem keine Gefahr mehr für Sie aus.

Zugleich bedingt der Widerspruch, dass es sich um eine bestrittene Forderung handelt. Ein solche darf nicht in die Schufa eingetragen werden. Kommt es dennoch zu einem Eintrag, so kann das nur daran liegen, dass Sie bereits vor dem Mahnbescheid Mahnungen erhalten haben, die einen Schufa-Eintrag androhten. Haben Sie gegen diese Mahnungen nie mit einem Widerspruch reagiert, so ist ein Eintrag in den Schufa-Datensatz möglich. Haben Sie zuvor jedoch nie eine Mahnung erhalten, und ist Ihnen die Forderung unbekannt, so verhindern Sie durch den Widerspruch gegen den Mahnbescheid und den zeitgleich verschickten Widerspruch an die Gegenseite einen Schufa-Negativeintrag. Sie haben dann unmittelbar nach erstmaliger Kenntniserlangung der unberechtigten Forderung Widerspruch eingelegt, so dass ein Schufa-Negativeintrag rechtswidrig wäre.

2.6 Warum ist die Widerspruchsfrist mit zwei Wochen so kurz angesetzt?

Für viele erscheint es als unverständlich, warum die Frist für einen Widerspruch mit lediglich zwei Wochen so kurz angesetzt ist. Gerade wenn man einmal für längere Zeit im Urlaub ist, und in der Abwesenheit ein Mahnbescheid eingeht, kann es schnell zu einer Fristüberschreitung kommen.

Der Grund für die kurz angesetzte Frist liegt darin, dass es sich bei der rechtlichen Grundlage zum Mahnbescheid um bereits etwas ältere Gesetze handelt. Viele Vorschriften des Zivilrechts, auf denen unser Rechtssystem in Deutschland beruht, stammen aus einer Zeit um 1900. Zu dieser Zeit trat beispielsweise das Bürgerliche Gesetzbuch (BGB) in Kraft. Zwar wurden bis heute zahlreiche Gesetze an die heutige Zeit angepasst und verändert, einige aber leider nicht. Gerade viele Fristenregelungen wurden aus nicht nachvollziehbaren Gründen nie an die jetzigen Lebensweisen der Menschen angeglichen.

In damaligen Tagen war es beispielsweise unüblich, in Urlaub zu fahren. Viele waren in der Landwirtschaft oder in kleinen, selbst geführten Handwerksbetrieben beschäftigt. Ein Urlaub von zwei oder drei Wochen am Mittelmeer war für die meisten ein Fremdwort. Selbst diejenigen, die in der Industrie arbeiteten, hatten nur wenige Urlaubstage und nicht das Geld, um für längere Zeit zu verreisen. Zusätzlich war damals der Familienbund stärker, es lebten mehrere Generationen unter einem Dach, oftmals zusammen mit weiteren Personen denen ein Bett oder ein kleines Zimmer untervermietet wurde. Kurz gesagt, es war fast immer jemand zuhause und konnte die Post entgegen nehmen. Kam ein gerichtliches Schreiben, auf das innerhalb von zwei Wochen reagiert werden musste, so stellte das kein Problem dar.

Heute ist das anders. Wir Deutschen sind ein reiselustiges Volk und möchte gerne auch einmal für mehrere Wochen den Arbeitsalltag hinter uns lassen. Zudem wohnen wir alleine mit Partner und Kindern, das Zusammensein von mehreren Generationen unter einem Dach stellt eher die Ausnahme dar. Verreist unter diesen Umständen die ganze Familie, so steht die Wohnung leer. Hat man niemanden, der den Briefkasten kontrolliert, kann es schnell zu Probleme kommen. Eine Frist von zwei Wochen ist dann zu kurz angesetzt, um noch reagieren zu können.

Es ist für mich nach wie vor unverständlich, warum solche wichtigen Fristen bis heute nicht an unser jetziges Leben angepasst wurden. Meiner Meinung nach sollte die Frist für einen Widerspruch auf vier oder sogar auf sechs Wochen verlängert werden. Es liegt dann immer noch eine Zeitspanne vor, die zum schnellen Handeln auffordert, aber es kommt nicht mehr zu den Problemen, die eine lediglich zweiwöchige Frist mit sich bringt. Zudem würde eine längere Fristsetzung die Möglichkeit mit sich bringen, rechtlichen Rat einholen zu können. Falsche und übereilte Reaktionen wären damit vermeidbar und würden in der Folge sogar unser Rechtssystem entlasten, da Probleme schon im Ansatz verhindert werden könnten.

2.7 Was passiert, wenn ich die Frist zum Widerspruch verpasst habe?

Konnten Sie die zweiwöchige Widerspruchsfrist nicht einhalten, so kann die Gegenseite einen Vollstreckungsbescheid beantragen. Dieses ist der nächste Schritt, der dem Mahnbescheid folgt. Hierzu muss die Gegenseite nach Ablauf der Widerspruchsfrist lediglich ein Formular ausfüllen und an das Amtsgericht schicken, das bereits den Mahnbescheid versendet hat. Dieses lässt Ihnen dann den Vollstreckungsbescheid zukommen.

Auf Basis des Vollstreckungsbescheids erhält die Gegenseite die Möglichkeit, einen Gerichtsvollzieher zu beauftragen und in Ihr Vermögen eine Vollstreckung durchführen zu lassen. Es kann aber auch eine Gehaltspfändung oder eine Kontopfändung gegen Sie beantragt werden.

Glücklicherweise sind Sie selbst gegen einen Vollstreckungsbescheid nicht ganz wehrlos. Sie können mit Hilfe eines „Einspruchs" den Forderungen des Vollstreckungsbescheids widersprechen. Leider liegt dazu kein Formular bei, Sie müssen den Einspruch selbst formulieren.

Es gilt erneut eine Einspruchsfrist von zwei Wochen. Innerhalb dieser zwei Wochen muss der Einspruch bei Gericht eingegangen sein. Im Rahmen des Einspruchs müssen Sie eine Begründung beifügen. Erläutern Sie so ausführlich und genau wie möglich, warum die Forderung im Vollstreckungsbescheid unberechtigt ist. Fügen Sie alle Beweismittel anbei, die Ihnen zur Verfügung stehen, und benennen Sie alle Zeugen, die den Sachverhalt beweisen können.

Um keinen Fehler zu begehen, empfehle ich Ihnen, die „Rechtsantragsstelle" des für Sie zuständigen Amtsgerichts in Ihrer Stadt oder Ihrem Bezirk aufzusuchen. Die dort tätigen Rechtspfleger helfen Ihnen kostenlos, den Einspruch in die richtige Form zu bringen. Bitte beachten Sie aber, dass die Mitarbeiter der Rechtsantragsstelle keine inhaltliche rechtliche Beratung leisten dürfen.

Im Anschluss an einen Einspruch kann es zu einer gerichtlichen Verhandlung kommen. Damit verlassen wir den Bereich des bloßen Widerspruchs, wie es noch bei einem Mahnbescheid der Fall war. Haben Sie einen Vollstreckungsbescheid erhalten und müssen Einspruch einlegen, so sollten Sie unbedingt rechtlichen Rat einholen. Da es sich grundsätzlich bereits um ein gerichtliches Verfahren handelt, in dem die Forderung der Gegenseite auf rechtlich sichere Weise abgewendet werden muss, sollte jeder Fall individuell betrachtet werden, so dass eine Besprechung hier an dieser Stelle zu weitgehend wäre.

2.8 Warum versenden Inkassounternehmen die meisten Mahnbescheide?

Bevor Sie einen gerichtlichen Mahnbescheid erhalten, liegen Sie im Normalfall seit längerer Zeit im Streit mit einem deutschen Großunternehmen. Dabei handelt es sich meistens um eine Firma aus dem Bereich Telekommunikation, Strom- und Gasversorgung, Versicherungen, Banken, Online-Versandhandel, Öffentliche Personenbeförderung, Fitness, Zeitungsvertrieb oder ähnliches.

Liegt von diesen Unternehmen eine fehlerhafte oder zu hohe unberechtigte Rechnung vor, so haben Sie sicherlich die Erfahrung gemacht, dass Ihre schriftlichen Widersprüche nur unzureichend beantwortet werden. Entweder Sie erhalten eine ablehnende Antwort, obwohl Ihr Einspruch berechtigt ist, bekommen lediglich einen Brief mit Standardformulierungen zurück, die überhaupt nicht auf Ihr individuelles Problem eingehen, oder Sie erhalten überhaupt keine Antwort. Ihr Anliegen wird ignoriert und der streitige Rechnungsbetrag bedingungslos zur Zahlung eingefordert.

Sie erhalten schließlich eine Mahnung nach der anderen, und nach einer Weile wird Ihnen plötzlich mitgeteilt, dass Ihr Vertragspartner, also das Unternehmen mit dem Sie im Streit liegen, sich für nicht mehr zuständig erklärt. In diesem Moment wird die Rechnung, die von Ihnen zur Zahlung eingefordert wird, an ein Inkassounternehmen abgegeben. Dieser Inkassodienstleister übernimmt nun die Aufgabe, die Zahlung von Ihnen einzufordern. Ihr ursprünglicher Vertragspartner hat nichts mehr mit der offenen Forderung zu tun. Sie sollen ab jetzt jegliche Zahlungen nur noch an das Inkassounternehmen leisten.

Das hat den Hintergrund, dass das Inkassobüro die Forderung aufgekauft hat. Es handelt ab diesem Moment auf eigenen Gewinn, das heißt, Ihre evtl. geleisteten Zahlungen gehen nicht mehr an Ihren Vertragspartner, sondern nur noch an den Inkassodienstleister. Aus diesem Grund wird dieser mit allen ihm zur Verfügung stehenden rechtlichen Möglichkeiten versuchen, Sie zur Zahlung zu bewegen. Sie werden in der Folgezeit weitere Mahnungen erhalten, in denen Ihnen das Inkassobüro unmissverständlich mitteilt, dass Sie die Forderung begleichen müssen. Andernfalls drohen Ihnen erhebliche rechtliche Konsequenzen.

Folgen Sie den Mahnungen nicht, so entschließen sich viele Inkassobüros dazu, einen gerichtlichen Mahnbescheid zu beantragen. Die Hoffnung beruht darauf, dass Sie doch noch eine Zahlung leisten werden, wenn Sie erst einmal Post von einem Gericht erhalten haben. Das gerichtliche Schreiben soll Ihnen Angst machen und Sie innerhalb der sehr kurz gesetzten Frist von nur zwei Wochen zur Zahlung bewegen.

Aus diesem Grund werden derzeit in Deutschland die meisten gerichtlichen Mahnbescheide von Inkassounternehmen beantragt. Diese hoffen, auf der Basis von Drohungen und Angst einen Zahlungseingang zu erreichen.

Das ursprünglich involvierte Unternehmen hat die Angelegenheit an den Inkassodienstleister abgegeben und hat mit der gesamten Sache nichts mehr zu tun. Die Forderung wurde als uneinbringlich ausgebucht. Daher werden Mahnbescheide eher selten direkt von einem Unternehmen versendet, sondern fast immer von einem Inkassobüro.

Manchmal schaltet sich im Anschluss an das Inkassobüro auch eine Inkasso-Rechtsanwaltskanzlei ein. Die Kanzlei wird im Normalfall vom Inkassobüro beauftragt, und nicht vom ursprünglich agierenden Unternehmen.

Ein rechtsanwaltliches Mahnschreiben kann drei verschiedene Ursachen haben: In der ersten Möglichkeit arbeitet das Inkassobüro unter anderem Briefkopf weiter. Hierbei handelt es sich weiterhin intern um ein Schreiben des ursprünglichen Inkassounternehmens, das den Briefkopf einer Anwaltskanzlei verwendet. Es existiert eine Zusammenarbeit mit einem Rechtsanwalt, der sich bereit erklärt hat, dem Inkassobüro seinen Kanzleinamen zur Verfügung zu stellen. Das Mahnschreiben ergeht inhaltlich vom Inkassobüro, wird jedoch auf dem Briefbogen der Anwaltskanzlei gedruckt.

In der zweiten Möglichkeit arbeitet die Anwaltskanzlei als Inkassodienstleister. In diesem Fall gibt es eine Rechtsanwaltskanzlei, die sich darauf spezialisiert hat, Forderungen von größeren

Unternehmen einzuverlangen. Die Anwaltskanzlei baut intern eine eigene Inkassoabteilung auf, die die Forderung vom Inkassobüro oder direkt vom Unternehmen aufkauft und anschließend selbst geltend macht. Alle Zahlungen gehen der Kanzlei zu, das ursprünglich zuständige Inkassobüro oder das Unternehmen erhält nichts.

Bei der dritten Möglichkeit handelt es sich um eine normale Vertretung durch einen Rechtsanwalt. Das Inkassounternehmen stellt dann die Mandantschaft der Anwaltskanzlei dar. Die Kanzlei erhält bei Zahlungseingang die Rechtsanwaltsgebühr, Hauptschuld und weitere Verzugsgebühren fließen dem Inkassounternehmen zu.

Selbst wenn der Mahnbescheid von einer Rechtsanwaltskanzlei beantragt wurde, steckt im Regelfall also ein Inkassobüro dahinter. Daher bezieht sich dieses Buch hauptsächlich auf das Inkassounternehmen. Sowohl der Text als auch die Musterbriefe sind darauf ausgerichtet, dass Sie den Mahnbescheid von einem Inkassodienstleister erhalten haben. Wurde der Mahnbescheid von einer Anwaltskanzlei beantragt, so können Sie die Erläuterungen und Musterschreiben aber genau so gut heranziehen, da es sich in rechtlicher Hinsicht um den gleichen Vorgang handelt, egal ob der Mahnbescheid von einem Inkassobüro oder einer Inkasso-Rechtsanwaltskanzlei beauftragt wurde.

Handelt es sich um einen der seltenen Fälle, in denen eine Privatperson oder ein Unternehmen selbst den Mahnbescheid beantragt hat, so können Sie die hier beschriebene Vorgehensweise und die Musterbriefe selbstverständlich ebenfalls anwenden. Anstatt an ein Inkassobüro oder an eine Rechtsanwaltskanzlei richten Sie die unten abgedruckten Musterbriefe direkt an den Gläubiger.

Bitte lesen Sie in Bezug auf Inkassounternehmen auch das Kapitel 9 in diesem Buch, in dem ich Ihnen ausführliche Erläuterungen zur Vorgehensweise eines Inkassodienstleisters mache. Diese Informationen sind wichtig, damit Sie den Hintergrund des Handelns eines Inkassounternehmens kennen lernen und damit dessen Tun besser einordnen können.

3 Wie widerspreche ich einem Mahnbescheid?

Der eigentliche Widerspruch gegen den Mahnbescheid geht schnell, hier ist nur wenig von Ihrer Seite her zu tun. Bitte beachten Sie aber die im folgenden benannten Schritte sehr genau. An dieser Stelle ist sorgfältiges Handeln von größter Wichtigkeit, um keinen Fehler zu machen.

3.1 Wie lege ich gegen den Mahnbescheid Widerspruch ein?

Dem Mahnbescheid liegt sowohl eine Erläuterung als auch ein Widerspruchsformular bei. Bitte lesen Sie zunächst den Mahnbescheid vollständig durch, als auch das beigefügte Erläuterungsblatt. Streichen Sie sich bereits jetzt die Passagen im Text an, die für Sie als relevant erscheinen und heben Sie sämtliche Unterlagen gut auf. Von Ihrem eigenen Widerspruch machen Sie bitte eine Kopie, bevor Sie ihn versenden.

Nehmen Sie nun das meist in rosa gedruckte Formular zur Hand, das mit „Widerspruch" beschriftet ist. Auf diesem setzen Sie ein einziges Kreuzchen bei "Ich widerspreche dem Anspruch insgesamt". Unten rechts auf dem Feld „Unterschrift" unterschreiben Sie mit Ihrem vollständigen Namen. Dann tragen Sie Ihren Namen und Ihre Absenderadresse unten links im Feld „Bezeichnung des Absenders" in deutlich lesbaren Druckbuchstaben ein.

Ganz oben links finden Sie unter der Beschriftung „Datum des Widerspruchs" ein kleines Kästchen für das Datum, hier tragen Sie bitte das aktuelle für den Tag ein, an dem Sie das Widerspruchsformular versenden.

Weitere Angaben müssen Sie auf dem Formular nicht tätigen. Lediglich dann, wenn Ihre Adresse falsch angegeben wurde, können Sie diese an der dafür vorgesehenen Stelle korrigiert eintragen. Handeln Sie als gesetzlicher Vertreter des Antragsgegners, so geben Sie an der entsprechenden Stelle Ihre Daten an. Der typische Fall ist der, dass die angeschriebene Person noch minderjährig ist und Sie als Vater oder Mutter den Mahnbescheid ausfüllen müssen. In diesem Fall unterschreiben Sie selbst den Widerspruch, nicht Ihr Kind.

Der Widerspruch muss innerhalb von zwei Wochen rechtzeitig bei Gericht eingegangen sein. Das ist sehr wichtig. Ich empfehle eine Zusendung vorab per Fax, zusätzlich zur Post per Einschreiben mit Rückschein. Bitte lesen Sie hierzu unbedingt meine Hinweise in Bezug auf den Versand in Kapitel 1.2 und 11.2.

Nachdem Sie dem Mahnbescheid widersprochen haben, legen Sie gegen die darin aufgeführte Forderung einen direkten Widerspruch bei der Gegenseite ein. Hierzu wenden Sie sich schriftlich an den Antragsteller des Mahnbescheids bzw. an dessen Prozessbevollmächtigten. In den folgenden Kapiteln finden Sie verschiedene Vorgehensweisen beschrieben, die Ihnen für unterschiedliche individuelle Situationen die jeweils passenden Musterbriefe zur Verfügung stellen.

3.2 Soll ich einen Komplett- oder Teilwiderspruch einlegen?

Wie oben erwähnt, finden Sie auf dem Mahnbescheid die Option „Ich widerspreche dem Anspruch insgesamt", welche Sie bitte ankreuzen. Darunter sehen Sie die zweite Möglichkeit: „Ich widerspreche nur einem Teil des Anspruchs, und zwar...". Diese Option nutzen Sie bitte auf keinen Fall.

Es ist von entscheidender Wichtigkeit, dass Sie immer dem *gesamten* Betrag widersprechen. Legen Sie niemals lediglich einen Teilwiderspruch ein. Das gilt vor allem für den Fall, dass ein Teil der Forderung berechtigt ist. Auch in dieser Situation kreuzen Sie die erste Option an, also dass

Sie dem Anspruch insgesamt widersprechen. Sonst entsteht hinsichtlich des Anteils, dem Sie im Mahnbescheid nicht widersprochen haben, eine berechtigte Forderung, die dann in Rechtskraft erwächst und von Ihnen einverlangt werden kann.

Das große Problem an einem Teilwiderspruch ist dasjenige, dass unseriöse Inkassounternehmen bzw. Inkassokanzleien hinsichtlich des Teilbetrags einen Schufa-Negativeintrag veranlassen. Zudem besteht in Bezug auf den Teilbetrag dann ein vollstreckbarer Titel gegen Sie, der dazu genutzt werden kann, um einen Gerichtsvollzieher mit der Pfändung Ihres Vermögens zu beauftragen, oder eine Gehalts- und Kontopfändung durchzuführen.

Dieses Risiko ist zu hoch. Sie müssen damit rechnen, dass Sie es in vielen Fällen mit einer unseriös agierenden Gegenseite zu tun haben. Sobald einem Inkassounternehmen ein vollstreckbarer Titel vorliegt, wird dieser in jeglicher Hinsicht ausgenutzt. Es kommt zu einem Schufa-Negativeintrag und zu einer Vollstreckung oder sogar Pfändung. Inkassounternehmen lassen dann nicht mehr mit sich reden, sie handeln nach einem fest vorgegebenen Muster und weichen davon nicht mehr ab, egal welchen Schaden dieses Tun beim Schuldner hinterlässt.

Sollte ein Teil der Forderung, die im Mahnbescheid benannt wird, tatsächlich berechtigt sein, so legen Sie dennoch gegen den Gesamtbetrag Widerspruch ein, und klären den berechtigten Anteil direkt mit dem Inkassodienstleister im Rahmen einer gütlichen Einigung.

Es kommt durch den Widerspruch zu keinem vollstreckbaren Titel, und ein Schufa-Negativeintrag ist nicht möglich. Das Inkassounternehmen ist gezwungen, mit Ihnen weiter zu verhandeln. Sie verbleiben durch den Widerspruch in einer rechtlich gesicherten Position und sind nicht der Willkür des Inkassodienstleisters ausgesetzt. Bitte lesen Sie in Kapitel 8 nach, wie es bei Vorliegen einer teilweise berechtigten Forderung nun weiter geht.

3.3 Wie verhalte ich mich, wenn die Forderung berechtigt ist?

Selbst wenn es sich um eine vollständig berechtigte Hauptforderung handelt, sollten Sie unbedingt einen *vollständigen Widerspruch* gegen den gerichtlichen Mahnbescheid einlegen.

Zum einen werden meiner Erfahrung nach so gut wie immer die Verzugskosten falsch und zu hoch angesetzt. Das Inkassounternehmen versucht durch die Berechnung von überhöhten Nebengebühren weitere Einnahmen zu generieren, die Sie nicht hinnehmen müssen.

Zum anderen würde Ihre rechtliche Position durch einen fehlenden Widerspruch zu sehr eingeschränkt. Ohne Widerspruch entsteht aus der Forderung ein vollstreckbarer Titel. Liegt ein solcher vor, so verhalten sich viele Inkassodienstleister unseriös und veranlassen umgehend einen Schufa-Negativeintrag oder drohen eine Vollstreckung durch den Gerichtsvollzieher an. Jegliche weitere Kommunikation mit dem Inkassounternehmen wird erheblich erschwert, sobald ein Titel vorliegt.

Legen Sie dagegen Widerspruch ein, so bleiben Sie in einer Position, in der das Inkassobüro dazu gezwungen ist, weiter mit Ihnen zu verhandeln. Ein Mahnbescheid sollte vom Gläubiger immer nur dann beantragt werden, wenn Sie dies zuvor mit ihm eindeutig abgesprochen und zugestimmt haben. Nur in einem solchen Fall sollten Sie auf den Widerspruch verzichten. Bitte lesen Sie unbedingt Kapitel 7, um zu erfahren, wie es nach dem Widerspruch gegen einen berechtigten Mahnbescheid weiter geht.

4 Wie geht es weiter, wenn die Forderung bekannt, aber unberechtigt ist?

Leider kommt es oft vor, dass Personen einen Mahnbescheid erhalten, obwohl es sich um eine unberechtigte Forderung handelt. Unberechtigte Forderungen dürfen vom Grundsatz her nicht angemahnt werden, weder durch normale Mahnschreiben, noch durch einen gerichtlichen Mahnbescheid. Gehen Sie als vermeintlicher Schuldner davon aus, dass die Forderung ungerechtfertigt ist, der Gläubiger das aber nicht einsehen will, so müsste er dies über ein Klageverfahren vor Gericht klären lassen. Das Versenden von Mahnungen oder die Beantragung eines Mahnbescheids führen ihn nicht zum Ziel.

In einem solchen Fall muss nach Erhalt des Mahnbescheids und zeitgleich zu dessen Widerspruch der Gegenseite ein zusätzlicher schriftlicher Widerspruch entgegen gesetzt werden.

Die folgenden Musterbriefe richten sich gegen ein Inkassobüro als Antragsteller des Mahnbescheids. Wie oben bereits geschildert, werden die meisten Mahnbescheide in Deutschland von Inkassodienstleistern beantragt. Auf der unteren Hälfte der ersten Seite des Mahnbescheids können Sie sehen, wer der Antragsteller des Mahnbescheids ist. Unten links ist der ursprüngliche Gläubiger benannt, unten rechts dessen Vertreter bzw. Prozessbevollmächtigter. Dort können Sie den Namen des Inkassobüros lesen.

Steht an dieser Stelle der Name einer Rechtsanwaltskanzlei, so richten Sie die folgenden Musterschreiben direkt an diese Anwaltskanzlei. Widerspruchsschreiben müssen immer an die Stelle gerichtet werden, die sich zuletzt bei Ihnen gemeldet hat.

Liegt bei Ihnen der seltene Fall vor, dass der Gläubiger selbst den Mahnbescheid beantragt hat, so steht lediglich dessen Name unter „Antragssteller", ein Prozessbevollmächtigter wird dann nicht benannt. Wandeln Sie für diesen Fall die unten abgedruckten Musterbriefe einfach so um, dass Sie diese direkt an den Antragsteller richten, egal ob es sich dabei um eine Privatperson oder ein Unternehmen handelt.

Ein wichtiger Hinweis zur Schufa: Eine widersprochene Forderung darf nicht in die Schufa oder in andere Auskunfteien eingetragen werden. Das gilt jedoch nur dann, wenn der Widerspruch rechtzeitig erfolgt ist. Grundsätzlich sollte ein schriftlicher Widerspruch immer sofort erfolgen, nachdem man von einer ungerechtfertigten Forderung erfahren hat.

Haben Sie bislang von der nun gegen Sie geltend gemachten unberechtigten Forderung gewusst, und nicht widersprochen, so besteht die tatsächliche Gefahr eines Schufa-Negativeintrags. Das ist vor allem dann der Fall, wenn Sie bereits zweimalig eine Mahnung erhalten haben, die sowohl auf die offene Forderung, als auch auf einen drohenden Schufa-Negativeintrag hingewiesen hat, und zwischen den beiden Mahnungen mindestens vier Wochen Zeitabstand lagen. Neben dem Widerspruch gegen den Mahnbescheid muss daher unbedingt noch ein zusätzlicher schriftlicher Widerspruch direkt gegen den Antragsteller erfolgen.

Das ist das maximal mögliche, was Sie in einer derartigen schwierigen Lage unternehmen können. Aufgrund der vor Erlass des Mahnbescheids noch unbestrittenen Forderung und den Hinweisen auf einen möglichen Negativeintrag könnten die Eintragungsvoraussetzungen nach dem Bundesdatenschutzgesetz vorliegen, ein Schufa-Negativeintrag wäre damit rechtmäßig.

Sind diese Voraussetzungen jedoch nicht vollständig erfüllt, so ist ein Schufa-Negativeintrag rechtswidrig. Daher sollte der Widerspruch umgehend nachgeholt werden. Das ist der Grund, warum Sie den nun folgenden Musterbrief an die Gegenseite versenden. Mit dessen Hilfe kann der Forderung ein rechtssicherer Widerspruch entgegen gesetzt werden, der letztendlich den Negativeintrag in einer Auskunftei rechtlich unzulässig macht, falls die Voraussetzungen für einen solchen vor Erlass des Mahnbescheids noch nicht vorhanden waren.

Der bereits von Ihnen getätigte Widerspruch gegen den Mahnbescheid beseitigt die Gefahr eines vollstreckbaren Titels, und der nun folgende Widerspruchsbrief hat den Zweck, dass evtl. noch gegebene Voraussetzungen für einen Schufa-Negativeintrag zunichte gemacht werden. Bitte versenden Sie daher den folgenden Musterbrief unbedingt an die Gegenseite, um einen Schufa-Negativeintrag möglichst zu vermeiden.

4.1 Musterbrief an das Inkassobüro nach Widerspruch gegen den Mahnbescheid

Bitte nutzen Sie den folgenden Musterbrief, um gegen eine Ihnen zwar bekannte, aber unberechtigte Forderung zu reagieren, nachdem Sie gegen den gerichtlichen Mahnbescheid Widerspruch eingelegt haben. Versenden Sie diesen Brief sehr zeitnah bzw. nach Möglichkeit sogar zeitgleich, nachdem Sie dem Mahnbescheid widersprochen haben.

Absender:
(Vorname, Name)
(Straße, Hausnummer)
(Postleitzahl, Stadt)

An
(Name des Inkassobüros)
(Straße, Hausnummer)
(Postleitzahl, Stadt)

Als PDF per E-Mail an: (E-Mail-Adresse des Inkassobüros)
Per Fax an: (Faxnummer des Inkassobüros)
Per Einschreiben mit Rückschein

Angelegenheit (Auftraggeber) ./. (Ihr Name)
Ihr Aktenzeichen: (Aktenzeichen des Inkassobüros, steht auch auf dem Mahnbescheid)
Widerspruch gegen Ihren Mahnbescheid vom (Datum) über (Betrag)
Widerspruch Forderungen

Sehr geehrte Damen und Herren,
mit Ihrem Mahnbescheid vom (Datum) fordern Sie einen Betrag in Höhe von (Betrag) von mir. Hiermit widerspreche ich Ihrer Forderung. Diese ist nicht berechtigt, ich werde daher nicht bezahlen. Gegen den Mahnbescheid wurde ein vollständiger Widerspruch eingelegt.

(An dieser Stelle machen Sie Erläuterungen, warum die Forderung in Ihren Augen unberechtigt ist. Bitte begründen Sie das so ausführlich wie möglich. Gibt es Beweise, die das belegen, so führen Sie diese mit auf und legen eine Kopie anbei. Gibt es Zeugen, so benennen Sie diese mit Namen und Adresse.)

Ich bitte Sie daher, diese Angelegenheit zu stornieren und keine weiteren Forderungen mehr an mich zu stellen. Bitte haben Sie Verständnis dafür, dass ich keine unberechtigten Forderungen bezahlen möchte.

Rein vorsorglich weise ich darauf hin, dass eine widersprochene Forderung nicht an eine Auskunftei wie beispielsweise die Schufa etc. gemeldet werden darf. Einer Datenweitergabe wird hiermit widersprochen.

Ich bitte Sie, mir innerhalb von drei Wochen ab Erhalt dieses Schreibens schriftlich mitzuteilen, ob Sie die Angelegenheit weiter verfolgen werden. Sollte ich bis zu diesem Datum keinerlei Reaktion von Ihnen erhalten haben, so gehe ich davon aus, dass Sie diese Angelegenheit nicht weiter verfolgen, und sich diese mit meinem jetzigen Schreiben abschließend erledigt hat.

Bitte erlassen Sie keine weiteren Mahnschreiben. Da ich die Forderung bestreite, könnte auf dem Weg der fortführenden Mahntätigkeit Ihrerseits keine weitere Klärung der Sachlage herbeigeführt werden.

Mit freundlichen Grüßen
(Ihr Name und Unterschrift)
(Ort, Datum)

4.2 Was bewirkt dieser Brief?

Widerspruch gegen die Forderung: Zunächst machen Sie dem Inkassobüro gegenüber deutlich, dass es sich um eine unberechtigte Forderung handelt und Sie dieser widersprechen.

Rechtliche Einwendungen: Sie teilen dem Inkassobüro mit, warum die Forderung unberechtigt ist. Bitte schildern Sie das so ausführlich und genau wie möglich. Können Sie anhand von Dokumenten oder Schriftstücken beweisen, dass die Forderung unberechtigt ist, so legen Sie diese in Kopie anbei. Gibt es andere Personen, die als Zeugen nachweisen können, dass die Forderung unberechtigt ist, so geben Sie deren Name und Adresse an.

Bitte um Stornierung: Aufgrund der unberechtigten Zahlungsaufforderung bitten Sie um eine Stornierung. Handelt es sich um ein seriöses Inkassobüro, das den Sachverhalt tatsächlich überprüft und über die rechtliche Situation nachdenkt, so kann es geschehen, dass das Inkassounternehmen an dieser Stelle den weiteren Forderungseinzug abbricht und die Angelegenheit an das ursprüngliche Unternehmen zurückgibt. Das kommt vor allem dann vor, wenn das Inkassobüro sehr eng mit dem ursprünglichen Unternehmen zusammenarbeitet oder von diesem gegründet wurde.

Hinweis auf Schufa: Eine widersprochene Forderung darf nicht in die Schufa oder eine andere Auskunftei eingetragen werden. Mit diesem Satz weisen Sie klar auf die Rechtslage hin und machen damit deutlich, dass Sie unter keinen Umständen eine Weitergabe Ihrer Daten an eine Auskunftei wünschen.

Fristsetzung zur Stellungnahme: Um das Inkassounternehmen zum Handeln und zur Stellungnahme aufzufordern, setzen Sie eine Frist. Bitte beachten Sie, dass es sich hierbei nicht um eine gesetzliche Frist handelt. Das heißt, nach Ablauf der Frist tritt keine gesetzlich vorgegebene Wirkung ein. Es handelt sich um eine rein privat gesetzte Frist, die die Gegenseite zum Tätigwerden auffordert.

Widerspruch gegen weitere Mahnungen: Da Sie mit dem jetzigen Schreiben Widerspruch gegen die Forderung eingelegt haben, und diesen Widerspruch konsequent aufrecht erhalten werden, würde es für das Inkassobüro wenig Sinn ergeben, wenn es Ihnen noch weitere Mahnungen zukommen lassen würde. Die dadurch entstehenden Kosten können verhindert werden, was Sie mit jenem Absatz deutlich machen. In einem Rechtsstreit ist jede Seite dazu verpflichtet, den entstehenden Schaden so gering wie möglich zu halten. Verstößt eine Seite gegen diesen Grundsatz, so kann zu einem späteren Zeitpunkt die Gegenseite nicht zur Übernahme der unnötigen Kosten gezwungen werden.

4.3 Weiteres Vorgehen nach Widerspruch gegen die Inkassomahnung

Trotz des von Ihnen geäußerten Widerspruchs wird das Inkassounternehmen weiterhin versuchen, von Ihnen eine Zahlung zu erhalten. Das hängt damit zusammen, dass das Inkassounternehmen die Forderung aufgekauft hat und nun versucht, mit Hilfe der Forderung einen Gewinn zu erzielen. Erhaltenes Geld muss das Inkassobüro nicht mehr an den ursprünglichen Auftraggeber weiterreichen, sondern kann die Einnahmen selbst behalten.

Es ist daher möglich, dass Sie noch über Monate hinweg regelmäßige Mahnschreiben erhalten. Diese weiteren Inkassomahnungen entfalten keine neue rechtliche Wirksamkeit, sie dienen alleine dazu, Sie einem gewissen Zahlungsdruck auszusetzen.

Meist handelt es sich dabei um computergenerierte Mahnschreiben, das heißt, Ihre Adressdaten sind im System des Inkassodienstleisters hinterlegt und werden in festgelegten Abständen aufgerufen, um ein automatisch erstelltes Mahnschreiben auszudrucken und zu versenden. Dieses trägt nicht einmal mehr die Unterschrift, ein Mensch schaut in vielen Fällen überhaupt nicht darauf.

Es ist eigentlich nicht notwendig, jeder einzelnen dieser Mahnungen zu widersprechen, da Sie bereits einen einmaligen Widerspruch geäußert haben. In rechtlicher Hinsicht reicht es aus, einer unberechtigten Forderung einmalig zu widersprechen.

Aus Erfahrung weiß ich, dass sich viele von unberechtigten Mahnungen bedrohte Personen sicherer fühlen, wenn sie den einzelnen Mahnungen jeweils einen weiteren Widerspruch entgegensetzen. Selbstverständlich können auch Sie den weiteren Mahnungen jeweils mit einem Widerspruch entgegnen.

Nutzen Sie für die folgenden Widersprüche lediglich den Versand per E-Mail, ein Fax oder ein Einschreiben ist hierfür nicht notwendig, da es sich um eine bereits widersprochene Forderung handelt. Es wäre zu teuer, für jeden einzelnen Widerspruch immer wieder ein Einschreiben mit Rückschein zu versenden.

An
(Name des Inkassobüros)
(Straße, Hausnummer)
(Postleitzahl, Stadt)

Nur per E-Mail an: (E-Mail-Adresse des Inkassounternehmens)

Angelegenheit (Auftraggeber) ./. (Ihr Name)
Ihr Aktenzeichen: (Aktenzeichen des Inkassobüros)
Widerspruch gegen Ihre Forderung vom (Datum) über (Betrag)
Aufrechterhaltung des Widerspruchs

Sehr geehrte Damen und Herren,

hiermit erkläre ich Ihnen den Widerspruch gegen die von Ihnen zugeschickte Mahnung vom *(Datum)* über einen Betrag von *(Betrag)*. Bereits mit Schreiben vom *(Datum)* habe ich Ihrer Forderung widersprochen. Dieser Widerspruch wird von mir aufrecht erhalten.

Mit freundlichen Grüßen
(Ihr Name)
(Ort, Datum)

Mit diesem Musterbrief zeigen Sie dem Inkassounternehmen erneut auf, dass Sie die Forderung für unberechtigt halten und nicht bezahlen werden. Im Idealfall gibt der Inkassodienstleister nach einiger Zeit auf und stellt keine weiteren Forderungen an Sie.

Einige Inkassobüros sind jedoch besonders hartnäckig und arbeiten mit Rechtsanwaltskanzleien zusammen. Das Ziel ist es, größtmöglichen Zahlungsdruck auf Sie auszuüben. Bitte machen Sie sich keine Sorgen. Es handelt sich um ein Verfahren, das von zahlreichen Inkassodienstleistern standardisiert angewendet wird. Letztendlich bleibt es bei einer unberechtigten Forderung, die lediglich durch eine weitere neue Institution angemahnt wird. Setzen Sie dem Mahnschreiben einer Anwaltskanzlei mit obigem kurzen Musterbrief einen Widerspruch per E-Mail entgegen, um deutlich zu machen, dass es sich um eine bestrittene Forderung handelt.

Wurde der Mahnbescheid bereits von einer Rechtsanwaltskanzlei beantragt, so haben Sie den oben abgedruckten Musterbrief an diese Anwaltskanzlei geschickt. Dann kann es passieren, dass die Anwaltskanzlei die Forderung wieder zurück an ein Inkassobüro gibt. Erhalten Sie nach Widerspruch gegen eine Rechtsanwaltskanzlei ein neues Mahnschreiben von einem Inkassobüro, so entsteht durch diesen Vorgang keine neue Forderung. Es bleibt bei der alten, der Sie bereits widersprochen haben. Nutzen Sie einfach den oben abgedruckten kurzen Musterbrief, um per E-Mail den Widerspruch auch gegen das nun neu aufgetauchte Inkassobüro aufrecht zu erhalten.

Leider zelebrieren zahlreiche Inkassodienstleister dieses Spiel. Forderungen werden von der einen Institution zur anderen abgegeben, nur um immer wieder neue Mahnungen versenden zu können. Das Ziel liegt darin, bei Ihnen als vermeintlichem Schuldner größtmöglichen Zahlungsdruck und Verwirrung aufzubauen. Zudem nutzen manche Inkassounternehmen und Inkassokanzleien dieses Verfahren, um mit jedem neuen Brief weitere Gebühren auf die Forderung aufschlagen zu können. Bitte lassen Sie sich davon nicht beirren. Egal wer Ihnen Mahnungen schickt, handelt es sich um eine widersprochene Forderung, so bleibt dieser Widerspruch bestehen.

In manchen Fällen wendet sich das Inkassounternehmen mit einem weiteren Schreiben an Sie, in dem darauf hingewiesen wird, dass ein Widerspruch gegen den gerichtlichen Mahnbescheid eingelegt wurde. Im selben Schreiben bittet das Inkassobüro um eine Begründung, warum dem Mahnbescheid widersprochen wurde, und fordert Sie zur Rücknahme des Widerspruchs auf. Manchmal wird sogar ein Formular beigefügt, mit dessen Hilfe der Widerspruch beim Mahngericht zurückgenommen werden soll.

Das Inkassobüro verhält sich damit so, als ob es nie von Ihrem bereits zuvor eingelegten Widerspruch erfahren hat. Da es Sie zur Begründung auffordert, warum Sie einen Widerspruch gegen den Mahnbescheid eingelegt haben, vermittelt es den Eindruck, als ob kein Widerspruch besteht. Bitte lassen Sie sich dadurch nicht irritieren, natürlich bleibt Ihr bereits eingelegter Widerspruch bestehen.

Der Grund, warum das Inkassobüro Sie zur Rücknahme des Widerspruchs gegenüber dem Amtsgericht auffordert ist der, dass durch die Rücknahme des Widerspruchs der ursprüngliche Mahnbescheid seine Rechtskraft entfalten kann. Das bedeutet, der Mahnbescheid würde so behandelt, als ob nie ein Widerspruch eingelegt worden ist. Damit würde das Inkassounternehmen die Möglichkeit erhalten, einen Vollstreckungsbescheid zu beantragen. Mit diesem Vollstreckungsbescheid kann es dann 30 Jahre lang Zahlungen von Ihnen verlangen oder sogar einen Gerichtsvollzieher beauftragen und in Ihr Vermögen vollstrecken. Verständlich, dass das Inkassobüro diese einfache Möglichkeit sucht, um doch noch eine Zahlung zu erlangen.

Bitte leisten Sie dieser Aufforderung in keinem Fall Folge. Natürlich kennt das Inkassounternehmen bereits den Grund für Ihren Widerspruch, es verwendet lediglich ein Standardschreiben um Sie erneut zu verunsichern und Sie für eine Rücknahme des Widerspruchs zu überzeugen.

Haben Sie die gesamte Prozedur des mehrfachen Widerspruchs sowohl gegen den Mahnbescheid als auch gegen die Inkassomahnung überstanden, so wird das Inkassobüro nach mehreren Monaten des Mahnens die Forderung möglicherweise intern stornieren und die Angelegenheit aufgeben. Das ist vor allem dann der Fall, wenn es sich um kleinere Forderungsbeträge handelt, oder wenn das Inkassobüro Ihren Widerspruch rechtlich überprüft hat und feststellt, dass dieser tatsächlich berechtigt ist. Handelt es sich um einen größeren Geldbetrag, und vermutet das Inkassounternehmen, dass die Forderung zu Recht besteht, so kann es zu einem gerichtlichen Klageverfahren kommen. Bitte heben Sie für diesen Fall sämtliche Unterlagen fünf Jahre lang in einem Ordner sicher verwahrt auf, so dass Sie im Fall der Fälle auf diese zurückgreifen können. Bei einem gut begründeten Widerspruch ist die Gefahr eines gerichtlichen Klageverfahrens aber als sehr gering einzuschätzen, bitte machen Sie sich deswegen keine allzu großen Sorgen.

5 Wie geht es weiter, wenn mir die Forderung unbekannt ist?

Leider kommt es immer wieder vor, dass Personen einen Mahnbescheid erhalten, ohne je zuvor eine Rechnung oder Mahnung gesehen zu haben, und dementsprechend noch nie Kontakt mit der Gegenseite (Antragsteller des Mahnbescheids oder dessen Prozessbevollmächtigter) hatten. In einem solchen Fall muss nach Erhalt des Mahnbescheids und zeitgleich zu dessen Widerspruch der Gegenseite ein erstmaliger Widerspruch entgegen gesetzt werden.

5.1 Wieso liegt keine Rechnung oder Mahnung vor?

Auch für mich als Rechtsanwalt ist es nur schwer nachzuvollziehen, warum so viele vermeintliche Schuldner als erste Zahlungsaufforderung direkt einen Mahnbescheid erhalten. Denn ein Mahnbescheid darf in rechtlicher Hinsicht erst als zweiter oder dritter Schritt erfolgen, wenn überhaupt.

Zunächst hat ein Zahlungspflichtiger das Recht, direkt vom Gläubiger eine Rechnung zu bekommen. Der Schuldner muss die Möglichkeit erhalten, zu erkennen, wofür er bezahlen soll. Erst durch die Rechnung erlangt man die abschließende Information, ob das abgerechnet wurde, was vertraglich vereinbart ist, und ob die Leistungen korrekt und mit den richtigen Beträgen in Rechnung gestellt wurden.

Leistet der Schuldner nach Erhalt der Rechnung keine Zahlung, und widerspricht der Rechnung nicht, so darf der Gläubiger eine Mahnung verschicken. Erfolgt nach erteilter Mahnung weder ein Zahlungseingang noch ein Rechnungswiderspruch, so sollte erst dann ein weiterer rechtlicher Schritt in Angriff genommen werden. Da es sich bis zu diesem Zeitpunkt um eine unbestrittene Forderung handelt, kann nun ein gerichtlicher Mahnbescheid beantragt werden.

Ging Ihnen jedoch niemals eine Rechnung zu, so hatten Sie nie die Möglichkeit, diese bei Anerkennung zu bezahlen oder bei Nichtanerkennung zu widersprechen. Erhalten Sie dann einen Mahnbescheid, so ist dieser selbstverständlich unberechtigt, da die vorausgehende Rechnung fehlt.

Es ist schwer zu sagen, warum immer wieder Mahnbescheide verschickt werden, ohne dass der vermeintliche Schuldner je von der angeblich gegen ihn gerichteten Rechnung erfahren hat. Manchmal handelt es sich um eine sehr alte Forderung, die dem Gläubiger plötzlich aufgefallen ist. Möglicherweise kann diese aufgrund Umzugs des Schuldners nicht mehr zugestellt werden, so dass er die Angelegenheit an ein Inkassounternehmen abgibt. Dieses führt dann eine Adressermittlung durch und veranlasst umgehend einen Mahnbescheid, um die Verjährungsfrist zu unterbrechen.

Manchmal ergehen Mahnbescheide auch aufgrund einer Identitätstäuschung. Das ist der Fall, wenn eine fremde Person mit Ihren persönlichen Daten Käufe tätigt. Dann geht die Rechnung an eine fremde Adresse und kann von Ihnen nie zur Kenntnis genommen werden. Schließlich gibt der Gläubiger die unbezahlte Forderung an einen Inkassodienstleister ab und dieser beantragt nach durchgeführter Adressermittlung sofort einen Mahnbescheid.

Natürlich gibt es noch zahlreiche weitere mögliche Fallkonstellationen, warum der Gläubiger einen Mahnbescheid beantragt hat, ohne dass jemals zuvor eine Rechnung verschickt wurde. Unabhängig von der konkreten Situation sollten Sie einem Mahnbescheid, der aufgrund einer unbekannten Forderung ergeht, einen vollständigen Widerspruch entgegen setzen.

Ein wichtiger Hinweis zur Schufa: Da Sie durch den Mahnbescheid erstmalig mit der angeblichen Forderung konfrontiert werden, und unmittelbar darauf einen Widerspruch einlegen, darf kein Schufa-Negativeintrag erfolgen. Ein solcher Negativeintrag in die Schufa, oder in andere Auskunfteien, darf nur bei Forderungen vorgenommen werden, gegen die kein Widerspruch vorliegt, und die mindestens zweimalig gegenüber dem vermeintlichen Schuldner angemahnt wurden, unter deutlichem Hinweis auf einen möglichen Negativeintrag.

Die folgenden Musterbriefe richten sich gegen ein Inkassobüro als Antragsteller des Mahnbescheids. Wie oben bereits geschildert, werden die meisten Mahnbescheide in Deutschland von Inkassodienstleistern beantragt. Auf der unteren Hälfte der ersten Seite des Mahnbescheids können Sie sehen, wer der Antragsteller des Mahnbescheids ist. Unten links ist der ursprüngliche Gläubiger benannt, unten rechts dessen Vertreter bzw. Prozessbevollmächtigter. Dort können Sie den Namen des Inkassobüros lesen.

Steht an dieser Stelle der Name einer Rechtsanwaltskanzlei, so richten Sie die folgenden Musterschreiben direkt an diese Anwaltskanzlei. Widerspruchsschreiben müssen immer an die Stelle gerichtet werden, die sich zuletzt bei Ihnen gemeldet hat.

Liegt bei Ihnen der seltene Fall vor, dass der Gläubiger selbst den Mahnbescheid beantragt hat, so steht lediglich dessen Name unter „Antragssteller", ein Prozessbevollmächtigter wird dann nicht benannt. Wandeln Sie für diesen Fall die unten abgedruckten Musterbriefe einfach so um, dass Sie diese direkt an den Antragsteller richten, egal ob es sich dabei um eine Privatperson oder ein Unternehmen handelt.

5.2 Was spricht gegen die im Mahnbescheid abgerechneten Forderungen?

Stellt ein Unternehmen nach einer Weile fest, dass von seinem Kunden kein Zahlungseingang zu verzeichnen ist, so müsste dieses die Rechnung erneut versenden. Immer dann, wenn ein Unternehmen feststellt, dass ein vermeintlicher Schuldner seine Rechnung nicht bezahlt, muss es dem Schuldner die Rechnung erneut zusenden, evtl. in Verbindung mit einer Mahnung. Das liegt daran, dass es immer einmal passieren kann, dass der Schuldner die Rechnung nicht erhält. Im Normalfall sollte ein seriöses Unternehmen daher mindestens zweimalig mahnen, bevor es weitere rechtliche Schritte unternimmt.

In keinem Fall darf es die unbezahlte Rechnung ohne vorherige Mahnung und ohne einen weiteren Kommentar an ein Inkassounternehmen abgeben oder durch dieses sogleich einen Mahnbescheid veranlassen.

Das Problem bei der Abgabe an ein Inkassounternehmen liegt darin, dass dieses zusätzliche Inkassogebühren berechnet. Inkassogebühren fallen jedoch unter die Verzugskosten, und Verzugskosten dürfen erst dann berechnet werden, wenn sich der vermeintliche Schuldner im Verzug befindet. Verzug liegt aber nicht vor, da nie eine Rechnung ergangen ist. Niemand kann ohne den Erhalt einer Rechnung in Verzug geraten, da er über diese keine Kenntnis hat. Weiß man nichts von einer Zahlungsverpflichtung, kann man nicht in einen Zahlungsverzug geraten.

Selbst wenn der ursprüngliche Gläubiger den Mahnbescheid selbst beantragt hat, entstehen dadurch weitere Kosten. Diese werden im Mahnbescheid ebenfalls als Verzugskosten abgerechnet, z.B. die Gebühr für den Mahnbescheid und Zinsen. Da Ihnen nie eine Rechnung zuging befinden Sie sich nicht im Verzug, und sind nicht in der Pflicht, derartige Mahnbescheidsgebühren etc. bezahlen zu müssen. Der Mahnbescheid ist daher sowohl hinsichtlich der unbekannten Hauptforderung unberechtigt, als auch in Bezug auf die im Mahnbescheid berechneten Verzugskosten.

5.3 Musterbrief an das Inkassobüro nach Widerspruch gegen den Mahnbescheid

Bitte nutzen Sie den folgenden Musterbrief, um gegen eine unberechtigte Forderung zu reagieren, von der Sie erstmalig durch Erhalt des gerichtlichen Mahnbescheids erfahren haben. Bitte schicken Sie diesen Brief sehr zeitnah oder nach Möglichkeit sogar zeitgleich nach erfolgtem Widerspruch gegen den Mahnbescheid los.

Senden Sie das Schreiben an den im Mahnbescheid angegebenen Prozessbevollmächtigten (Inkassobüro oder Anwaltskanzlei). Ist keiner benannt, so senden Sie den Brief direkt an den Antragsteller.

Weitere Details über die Adressangaben des Prozessbevollmächtigten bzw. des Antragstellers, wie beispielsweise Faxnummer oder E-Mail-Adresse, finden Sie über eine Internetsuchmaschine. Geben Sie den Namen des Inkassobüros oder der Anwaltskanzlei, die den Mahnbescheid beantragt hat, ein, um die entsprechende Homepage ausfindig zu machen. Dort stehen unter dem Punkt „Impressum" oder „Kontakt" meist alle wichtigen Angaben.

Absender:
(Vorname, Name)
(Straße, Hausnummer)
(Postleitzahl, Stadt)

An
(Name des Inkassobüros)
(Straße, Hausnummer)
(Postleitzahl, Stadt)

Als PDF per E-Mail an: (E-Mail-Adresse des Inkassobüros)
Per Fax an: (Faxnummer des Inkassobüros)
Per Einschreiben mit Rückschein

Angelegenheit (Auftraggeber) ./. (Ihr Name)
Ihr Aktenzeichen: (Aktenzeichen des Inkassobüros, steht auf dem Mahnbescheid)
Widerspruch gegen Ihren Mahnbescheid vom (Datum) über (Betrag)
Widerspruch Forderungen

Sehr geehrte Damen und Herren,
mit Ihrem Mahnbescheid vom (Datum) fordern Sie einen Betrag in Höhe von (Betrag) von mir. Hiermit widerspreche ich Ihrer Forderung. Diese ist nicht berechtigt, ich werde daher nicht bezahlen. Ich habe gegen den Mahnbescheid einen vollständigen Widerspruch eingelegt.

Sie fordern die Bezahlung einer mir völlig unbekannten Forderung. Erst durch Erhalt des Mahnbescheids erfuhr ich überhaupt davon, dass eine angebliche offene Forderung gegen mich besteht. Ich habe bis heute nie eine Rechnung oder Mahnung in Bezug auf diese Forderung erhalten.

Da bislang keine Rechnung erging, befinde ich mich nicht im Verzug, mithin sind die von Ihnen aufgestellten Verzugskosten nicht zu begleichen. Sollte ich mich Ihrer Ansicht nach dennoch im Verzug befinden, so bitte ich Sie um einen Nachweis des Verzugs. Konkret wäre von Ihrer Seite ein Zugangsnachweis erforderlich, dass ich die dem Mahnbescheid zugrunde liegende Rechnung tatsächlich erhalten habe.

(An dieser Stelle machen Sie weitere Erläuterungen zu der angeblichen Forderung, und warum diese in Ihren Augen unberechtigt ist, z.B. dass Sie mit dem im Mahnbescheid angegebenen Unternehmen nie Kontakt oder nie einen Vertrag abgeschlossen haben, dass Sie bereits alle Rechnungen vollständig bezahlt haben etc.)

Ich bitte Sie daher, diese Angelegenheit zu stornieren und keine weiteren Forderungen mehr an mich zu stellen. Bitte haben Sie Verständnis dafür, dass ich keine unberechtigten Forderungen bezahlen möchte.

Rein vorsorglich weise ich darauf hin, dass eine widersprochene Forderung nicht an eine Auskunftei wie beispielsweise die Schufa etc. gemeldet werden darf. Einer Datenweitergabe wird hiermit widersprochen.

Ich bitte Sie, mir innerhalb von drei Wochen ab Erhalt dieses Schreibens schriftlich mitzuteilen, ob Sie die Angelegenheit weiter verfolgen werden. Sollte ich bis zu diesem Datum keinerlei Reaktion von Ihnen erhalten haben, so gehe ich davon aus, dass Sie diese Angelegenheit nicht weiter verfolgen, und sich diese mit meinem jetzigen Schreiben abschließend erledigt hat.

Bitte erlassen Sie keine weiteren Mahnschreiben. Da ich die Forderung bestreite, könnte auf dem Weg der fortführenden Mahntätigkeit Ihrerseits keine weitere Klärung der Sachlage herbeigeführt werden.

Mit freundlichen Grüßen
(Ihr Name und Unterschrift)
(Ort, Datum)

5.4 Was bewirkt dieser Brief?

Widerspruch gegen die Forderung: Zunächst machen Sie dem Inkassobüro gegenüber deutlich, dass es sich um eine unberechtigte Forderung handelt und Sie dieser widersprechen.

Hinweis, dass Sie nie eine Rechnung erhalten haben: Dieser Hinweis ist wichtig, denn eigentlich haben Sie das Recht darauf, zunächst direkt von dem im Mahnbescheid benannten Unternehmen eine Rechnung zu erhalten. Ist das nicht der Fall, so darf das Inkassounternehmen keine Verzugskosten aufaddieren.

Kein Verzug: Da Sie nie eine Rechnung erhalten haben, können Sie sich nicht im Verzug befinden. Verzug entsteht erst dann, wenn Sie nach Erhalt einer Rechnung keine Zahlungen leisten. Wissen Sie nichts von einer Rechnung, so können Sie auch nicht bezahlen. Sie stehen dann nicht in der Pflicht, über die eigentliche Forderung hinausgehende Kosten zu begleichen. Verzugskosten, also Zinsen, Mahnkosten, Inkassogebühren, Anwaltsgebühren etc. dürfen nicht von Ihnen verlangt werden. Verzug würde nur dann ausscheiden, wenn die Gegenseite den Nachweis erbringt, dass Sie die ursprüngliche Rechnung erhalten haben. Das wäre z.B. dadurch möglich, dass man Ihnen als Beweis den Rückschein eines Einschreibens oder den Sendebericht eines Fax zukommen lässt. In den meisten Fällen verfügt die Gegenseite über keinen Zugangsnachweis, so dass die Berechnung von Verzugskosten rechtswidrig ist.

Rechtliche Einwendungen: Da dieses Schreiben Ihr erstes Widerspruchsschreiben darstellt, müssen Sie alle in Frage kommenden rechtlichen Einwendungen geltend machen. Sie teilen dem Inkassobüro an dieser Stelle mit, warum die angebliche Forderung unberechtigt ist, warum Sie das im Mahnbescheid benannte Unternehmen nicht kennen oder nie einen Vertrag mit diesem abgeschlossen haben etc. Bitte fassen Sie Ihre Schilderungen so ausführlich wie möglich ab.

Bitte um Stornierung: Aufgrund der unberechtigten Zahlungsaufforderung bitten Sie um eine Stornierung. Handelt es sich um ein seriöses Inkassobüro, das den Sachverhalt tatsächlich überprüft und über die rechtliche Situation nachdenkt, so kann es geschehen, dass das Inkassounternehmen an dieser Stelle den weiteren Forderungseinzug abbricht und die Angelegenheit an das ursprüngliche Unternehmen zurück gibt.

Hinweis auf Schufa: Eine widersprochene Forderung darf nicht in die Schufa oder eine andere Auskunftei eingetragen werden. Mit diesem Satz weisen Sie klar auf die Rechtslage hin und machen damit deutlich, dass Sie unter keinen Umständen eine Weitergabe Ihrer Daten an eine Auskunftei wünschen.

Fristsetzung zur Stellungnahme: Um das Inkassounternehmen zum Handeln und zur Stellungnahme aufzufordern, setzen Sie diesem eine Frist. Bitte beachten Sie, dass es sich hierbei nicht um eine gesetzliche Frist handelt. Das heißt, nach Ablauf der Frist tritt keine gesetzlich vorgegebene Wirkung ein. Es handelt sich um eine rein privat gesetzte Frist, die die Gegenseite zum Tätigwerden auffordert.

Widerspruch gegen weitere Mahnungen: Da Sie mit dem jetzigen Schreiben Widerspruch gegen die Forderung eingelegt haben, und diesen Widerspruch konsequent aufrecht erhalten werden, würde es für das Inkassobüro wenig Sinn ergeben, wenn es Ihnen noch weitere Mahnungen zukommen lassen würde. Die dadurch entstehenden Kosten können verhindert werden, was Sie mit diesem Absatz deutlich machen. In einem Rechtsstreit ist jede Seite dazu verpflichtet, den entstehenden Schaden so gering wie möglich zu halten. Verstößt eine Seite gegen diesen Grundsatz, so kann zu einem späteren Zeitpunkt die Gegenseite nicht zur Übernahme der unnötigen Kosten gezwungen werden.

5.5 Weiteres Vorgehen nach Widerspruch gegen die Inkassomahnung

Trotz des von Ihnen geäußerten Widerspruchs wird das Inkassounternehmen weiterhin versuchen, von Ihnen eine Zahlung zu erhalten. Das hängt damit zusammen, dass das Inkassounternehmen die Forderung aufgekauft hat und nun versucht, mit Hilfe der Forderung einen Gewinn zu erzielen. Erhaltenes Geld muss das Inkassobüro nicht mehr an den ursprünglichen Auftraggeber weiterreichen, sondern kann dieses selbst behalten.

Es ist daher möglich, dass Sie noch über Monate hinweg regelmäßige Mahnschreiben erhalten. Diese weiteren Inkassomahnungen entfalten keine neue rechtliche Wirksamkeit, sie dienen alleine dazu, Sie einem gewissen Zahlungsdruck auszusetzen.

Meist handelt es sich dabei um computergenerierte Mahnschreiben, das heißt, Ihre Adressdaten sind im System des Inkassodienstleisters hinterlegt und werden in festgelegten Abständen aufgerufen, um ein automatisch erstelltes Mahnschreiben auszudrucken und zu versenden. Dieses trägt nicht einmal mehr die Unterschrift, ein Mensch schaut in vielen Fällen überhaupt nicht mehr darauf.

Es ist eigentlich nicht notwendig, jeder einzelnen dieser Mahnungen zu widersprechen, da Sie bereits einen einmaligen Widerspruch geäußert haben. In rechtlicher Hinsicht reicht es aus, einer unberechtigten Forderung einmalig zu widersprechen.

Aus Erfahrung weiß ich, dass sich viele von unberechtigten Mahnungen bedrohte Personen sicherer fühlen, wenn sie den einzelnen Mahnungen jeweils einen weiteren Widerspruch entgegensetzen. Selbstverständlich können auch Sie den weiteren Mahnungen jeweils mit einem Widerspruch entgegnen.

Nutzen Sie für die folgenden Widersprüche lediglich den Versand per E-Mail, ein Einschreiben ist hierfür nicht notwendig, da es sich um eine bereits widersprochene Forderung handelt. Es wäre zu teuer, für jeden einzelnen Widerspruch immer wieder ein Einschreiben mit Rückschein zu versenden.

An
(Name des Inkassobüros)
(Straße, Hausnummer)
(Postleitzahl, Stadt)

Nur per E-Mail an: (E-Mail-Adresse des Inkassounternehmens)

Angelegenheit (Auftraggeber) ./. (Ihr Name)
Ihr Aktenzeichen: (Aktenzeichen des Inkassobüros)
Widerspruch gegen Ihre Forderung vom (Datum) über (Betrag)
Aufrechterhaltung des Widerspruchs

Sehr geehrte Damen und Herren,
hiermit erkläre ich Ihnen den Widerspruch gegen die von Ihnen zugeschickte Mahnung vom (Datum) über einen Betrag von (Betrag). Bereits mit Schreiben vom (Datum) habe ich Ihrer Forderung widersprochen. Dieser Widerspruch wird von mir aufrecht erhalten.

Mit freundlichen Grüßen
(Ihr Name)
(Ort, Datum)

Mit diesem Musterbrief zeigen Sie dem Inkassounternehmen erneut auf, dass Sie die Forderung für unberechtigt halten und nicht bezahlen werden. Im Idealfall gibt der Inkassodienstleister nach einiger Zeit auf und stellt keine weiteren Forderungen an Sie.

Einige Inkassobüros sind jedoch besonders hartnäckig und arbeiten mit Rechtsanwaltskanzleien zusammen. Das Ziel ist es, größtmöglichen Zahlungsdruck auf Sie auszuüben. Bitte machen Sie sich keine Sorgen. Es handelt sich um ein Verfahren, das von zahlreichen Inkassodienstleistern standardisiert angewendet wird. Letztendlich bleibt es bei einer unberechtigten Forderung, die lediglich durch eine weitere neue Institution angemahnt wird. Setzen Sie dem Mahnschreiben einer Anwaltskanzlei mit obigem kurzen Musterbrief einen Widerspruch per E-Mail entgegen, um deutlich zu machen, dass es sich um eine bestrittene Forderung handelt.

Wurde der Mahnbescheid bereits von einer Rechtsanwaltskanzlei beantragt, so haben Sie den oben abgedruckten Musterbrief an diese Anwaltskanzlei geschickt. Dann kann es passieren, dass die Anwaltskanzlei die Forderung wieder zurück an ein Inkassobüro gibt. Erhalten Sie nach Widerspruch gegen eine Rechtsanwaltskanzlei ein neues Mahnschreiben von einem Inkassobüro, so entsteht durch diesen Vorgang keine neue Forderung. Es bleibt bei der alten, der Sie bereits widersprochen haben. Nutzen Sie einfach den oben abgedruckten kurzen Musterbrief, um per E-Mail den Widerspruch auch gegen das nun neu aufgetauchte Inkassobüro aufrecht zu erhalten.

Leider zelebrieren zahlreiche Inkassodienstleister dieses Spiel. Forderungen werden von der einen Institution zur anderen abgegeben, nur um immer wieder neue Mahnungen versenden zu können. Das Ziel liegt darin, bei Ihnen als vermeintlichem Schuldner größtmöglichen Zahlungsdruck und Verwirrung aufzubauen. Zudem nutzen manche Inkassounternehmen und Inkassokanzleien dieses Verfahren, um mit jedem neuen Brief weitere Gebühren auf die Forderung aufschlagen zu können. Bitte lassen Sie sich davon nicht beirren. Egal wer Ihnen Mahnungen schickt, handelt es sich um eine widersprochene Forderung, so bleibt dieser Widerspruch bestehen.

In manchen Fällen wendet sich das Inkassounternehmen mit einem weiteren Schreiben an Sie, in dem darauf hingewiesen wird, dass ein Widerspruch gegen den gerichtlichen Mahnbescheid eingelegt wurde. Im selben Schreiben bittet das Inkassobüro um eine Begründung, warum dem Mahnbescheid widersprochen wurde, und fordert Sie zur Rücknahme des Widerspruchs auf. Manchmal wird sogar ein Formular beigefügt, mit dessen Hilfe der Widerspruch beim Mahngericht zurückgenommen werden soll.

Das Inkassobüro verhält sich damit so, als ob es nie von Ihrem bereits zuvor eingelegten Widerspruch erfahren hat. Da es Sie zur Begründung auffordert, warum Sie einen Widerspruch gegen den Mahnbescheid eingelegt haben, vermittelt es den Eindruck, als ob kein Widerspruch besteht. Bitte lassen Sie sich dadurch nicht irritieren, natürlich bleibt Ihr bereits eingelegter Widerspruch bestehen.

Der Grund, warum das Inkassobüro Sie zur Rücknahme des Widerspruchs gegenüber dem Amtsgericht auffordert ist der, dass durch die Rücknahme des Widerspruchs der ursprüngliche Mahnbescheid seine Rechtskraft entfalten kann. Das bedeutet, der Mahnbescheid würde so behandelt, als ob nie ein Widerspruch eingelegt worden ist. Damit würde das Inkassounternehmen die Möglichkeit erhalten, einen Vollstreckungsbescheid zu beantragen. Mit diesem Vollstreckungsbescheid kann es dann 30 Jahre lang Zahlungen von Ihnen verlangen oder sogar einen Gerichtsvollzieher beauftragen und in Ihr Vermögen vollstrecken. Verständlich, dass das Inkassobüro diese einfache Möglichkeit sucht, um doch noch eine Zahlung zu erlangen.

Bitte leisten Sie dieser Aufforderung in keinem Fall Folge. Natürlich kennt das Inkassounternehmen durch Ihr zeitgleich mit dem Widerspruch gegen den Mahnbescheid verschicktes Erwiderungsschreiben bereits den Grund für Ihren Widerspruch, es verwendet lediglich ein Standardschreiben um Sie erneut zu verunsichern und Sie für eine Rücknahme des Widerspruchs gegen den Mahnbescheid zu überzeugen.

Haben Sie die gesamte Prozedur des mehrfachen Widerspruchs sowohl gegen den Mahnbescheid als auch gegen die Inkassomahnung überstanden, so wird das Inkassobüro nach mehreren Monaten des Mahnens die Forderung möglicherweise intern stornieren und die Angelegenheit aufgeben. Das ist vor allem dann der Fall, wenn es sich um kleinere Forderungsbeträge handelt, oder wenn das Inkassobüro Ihren Widerspruch rechtlich überprüft hat und feststellt, dass dieser tatsächlich berechtigt ist. Handelt es sich um einen größeren Geldbetrag, und vermutet das Inkassounternehmen, dass die Forderung zu Recht besteht, so kann es zu einem gerichtlichen Klageverfahren kommen. Bitte heben Sie für diesen Fall sämtliche Unterlagen fünf Jahre lang in einem Ordner sicher verwahrt auf, so dass Sie im Fall der Fälle auf diese zurückgreifen können. Bei einem gut begründeten Widerspruch ist die Gefahr eines gerichtlichen Klageverfahrens aber als sehr gering einzuschätzen, bitte machen Sie sich deswegen keine allzu großen Sorgen.

6 Wie geht es weiter, wenn ich schon zuvor widersprochen habe?

6.1 Warten auf das Anschreiben der Gegenseite

Haben Sie bereits vor Erhalt des Mahnbescheids schriftlich Widerspruch gegen die darin benannte Hauptforderung eingelegt, so bleibt dieser Widerspruch in rechtlicher Hinsicht bestehen. Da es sich um eine bestrittene Forderung handelt, dürfen eigentlich keine weiteren Mahnungen ergehen, erst recht kein gerichtlicher Mahnbescheid.

Dennoch wird oftmals ein Mahnbescheid beantragt, um Ihnen als vermeintlichen Schuldner Angst zu machen. Durch das gerichtliche Mahnschreiben sollen Sie den Eindruck erhalten, dass bereits ein Gericht in die Angelegenheit eingeschaltet wurde und sich mit dem Fall beschäftigt hat. Das entspricht aber nicht der Realität. Bitte legen Sie wie oben beschrieben einen vollständigen Widerspruch gegen den Mahnbescheid ein. Anschließend warten Sie ab.

In vielen Fällen reagiert das Inkassounternehmen nun mit einem weiteren Schreiben an Sie, in dem darauf hingewiesen wird, dass ein Widerspruch gegen den gerichtlichen Mahnbescheid eingelegt wurde. Im selben Schreiben bittet das Inkassobüro um eine Begründung, warum dem Mahnbescheid widersprochen wurde, und fordert Sie zur Rücknahme des Widerspruchs auf. Manchmal wird sogar ein Formular beigefügt, mit dessen Hilfe der Widerspruch beim Mahngericht zurückgenommen werden soll.

Das Inkassobüro verhält sich damit so, als ob es nie von Ihrem bereits zuvor eingelegten Widerspruch erfahren hat. Da es Sie zur Begründung auffordert, warum Sie einen Widerspruch gegen den Mahnbescheid eingelegt haben, vermittelt es den Eindruck, als ob kein Widerspruch besteht. Bitte lassen Sie sich dadurch nicht irritieren, natürlich bleibt Ihr bereits eingelegter Widerspruch bestehen.

Der Grund, warum das Inkassobüro Sie zur Rücknahme des Widerspruchs gegenüber dem Amtsgericht auffordert ist der, dass durch die Rücknahme des Widerspruchs der ursprüngliche Mahnbescheid seine Rechtskraft entfalten kann. Das bedeutet, der Mahnbescheid würde so behandelt, als ob nie ein Widerspruch eingelegt worden ist. Damit würde das Inkassounternehmen die Möglichkeit erhalten, einen Vollstreckungsbescheid zu beantragen. Mit diesem Vollstreckungsbescheid kann es dann 30 Jahre lang Zahlungen von Ihnen verlangen oder sogar einen Gerichtsvollzieher beauftragen und in Ihr Vermögen vollstrecken. Verständlich, dass das Inkassobüro diese einfache Möglichkeit sucht, um doch noch eine Zahlung zu erlangen.

Bitte leisten Sie dieser Aufforderung in keinem Fall Folge. Natürlich kennt das Inkassounternehmen bereits den Grund für Ihren Widerspruch, es verwendet lediglich ein Standardschreiben um Sie erneut zu verunsichern und Sie für eine Rücknahme des Widerspruchs zu überzeugen.

Die folgenden Musterbriefe richten sich gegen ein Inkassobüro als Antragsteller des Mahnbescheids. Wie oben bereits geschildert, werden die meisten Mahnbescheide in Deutschland von Inkassodienstleistern beantragt. Auf der unteren Hälfte der ersten Seite des Mahnbescheids können Sie sehen, wer der Antragsteller des Mahnbescheids ist. Unten links ist der ursprüngliche Gläubiger benannt, unten rechts dessen Vertreter bzw. Prozessbevollmächtigter. Dort können Sie den Namen des Inkassobüros lesen.

Steht an dieser Stelle der Name einer Rechtsanwaltskanzlei, so richten Sie die folgenden Musterschreiben direkt an diese Anwaltskanzlei. Widerspruchsschreiben müssen immer an die Stelle gerichtet werden, die sich zuletzt bei Ihnen gemeldet hat.

Liegt bei Ihnen der seltene Fall vor, dass der Gläubiger selbst den Mahnbescheid beantragt hat, so steht lediglich dessen Name unter „Antragsteller", ein Prozessbevollmächtigter wird dann nicht benannt. Wandeln Sie für diesen Fall die unten abgedruckten Musterbriefe einfach so um, dass Sie diese direkt an den Antragsteller richten, egal ob es sich dabei um eine Privatperson oder ein Unternehmen handelt.

Ein wichtiger Hinweis zur Schufa: Dadurch, dass Sie der Forderung bereits vor Erhalt des Mahnbescheids widersprochen haben, dürfte es im Normalfall zu keinem Schufa-Negativeintrag kommen. Bitte überprüfen Sie noch einmal, ob Sie der Forderung von Anfang an widersprochen haben, also bereits nach Erhalt der ersten unberechtigten Rechnung oder Mahnung. Schauen Sie nach, ob Sie Ihr schriftliches Widerspruchsschreiben noch in Kopie vorliegen haben, und ob Sie den Zugang beim Gläubiger durch einen Fax-Sendebericht oder durch ein Einschreiben belegen können. Es ist von großer Wichtigkeit, dass Sie den Zugang bei der Gegenseite nachweisen können, also den Umstand, dass diese Ihr Schreiben tatsächlich erhalten hat. Unabhängig davon empfehle ich Ihnen, den unten abgedruckten Musterbrief noch einmal an die Gegenseite zu versenden, um ganz sicher gehen zu können, dass der Forderung ordnungsgemäß und rechtssicher widersprochen wurde.

6.2 Was spricht gegen die im Mahnbescheid abgerechneten Forderungen?

Wurde von Ihnen bereits Widerspruch gegen die ursprüngliche Forderung eingelegt, so handelt es sich um eine bestrittene Forderung. In einem solchen Fall müsste der Gläubiger direkt vor Gericht Klage gegen Sie erheben, um die Berechtigung seiner Forderung klären zu lassen. Weitere Mahnungen oder sogar ein gerichtlicher Mahnbescheid sind nicht gerechtfertigt, da sie zu keinem Ziel führen, es werden lediglich neue Kosten hervorgebracht.

Diese Kosten sind in keinem Fall von Ihnen zu bezahlen, selbst wenn sich später heraus stellen sollte, dass die Hauptforderung berechtigt ist. Das liegt daran, dass jede Seite in einem Rechtsstreit dazu verpflichtet ist, die Kosten so gering wie möglich zu halten. Werden mutwillig neue Kosten durch weitere Mahnungen verursacht, obwohl es sich um eine bestrittene Forderung handelt, so liegt ein Verstoß gegen den Grundsatz der Schadensminderungspflicht vor. Die im Mahnbescheid berechnete Gesamtforderung ist daher sowohl in Bezug auf die Hauptforderung, als auch in Bezug auf die Verzugskosten unberechtigt.

6.3 Musterbrief an das Inkassobüro nach Widerspruch gegen den Mahnbescheid

Bitte nutzen Sie den folgenden Musterbrief, um gegen eine unberechtigte Forderung zu reagieren, gegen die Sie bereits vor Erhalt des Mahnbescheids Widerspruch eingelegt haben, und nun eine Aufforderung zur Rücknahme des Widerspruchs gegen den Mahnbescheid bekommen:

Absender:
(Vorname, Name)
(Straße, Hausnummer)
(Postleitzahl, Stadt)

An
(Name des Inkassobüros)
(Straße, Hausnummer)
(Postleitzahl, Stadt)

Als PDF per E-Mail an: (E-Mail-Adresse des Inkassobüros)
Per Fax an: (Faxnummer des Inkassobüros)
Per Einschreiben mit Rückschein

Angelegenheit (Auftraggeber) ./. (Ihr Name)
Ihr Aktenzeichen: (Aktenzeichen des Inkassobüros)
Widerspruch gegen Ihren Mahnbescheid vom (Datum) über (Betrag)
Aufrechterhaltung des Widerspruchs

Sehr geehrte Damen und Herren,

ich habe gegen den Mahnbescheid Widerspruch eingelegt, da es sich um eine vollständig unberechtigte Forderung handelt. Das ist Ihnen bereits bekannt, der Forderung wurde schriftlich widersprochen, mit der entsprechenden Begründung. Weitere Stellungnahmen meinerseits werden hierzu nicht erfolgen. Eine Rücknahme meines Widerspruchs erfolgt nicht. Ich bitte Sie daher, diese Angelegenheit zu stornieren und keine weiteren Forderungen mehr an mich zu stellen. Bitte haben Sie Verständnis dafür, dass ich keine unberechtigten Forderungen bezahlen möchte.

Rein vorsorglich weise ich darauf hin, dass eine widersprochene Forderung nicht an eine Auskunftei wie beispielsweise die Schufa etc. gemeldet werden darf. Einer Datenweitergabe wird hiermit widersprochen.

Ich bitte Sie, mir innerhalb von drei Wochen ab Erhalt dieses Schreibens schriftlich mitzuteilen, ob Sie die Angelegenheit weiter verfolgen werden. Sollte ich bis zu diesem Datum keinerlei Reaktion von Ihnen erhalten haben, so gehe ich davon aus, dass Sie diese Angelegenheit nicht weiter verfolgen, und sich diese mit meinem jetzigen Schreiben abschließend erledigt hat.

Bitte erlassen Sie keine weiteren Mahnschreiben. Da ich die Forderung bestreite, könnte auf dem Weg der fortführenden Mahntätigkeit Ihrerseits keine weitere Klärung der Sachlage herbeigeführt werden.

Mit freundlichen Grüßen
(Ihr Name und Unterschrift)
(Ort, Datum)

6.4 Was bewirkt dieser Brief?

Hinweis, dass Sie der Forderung bereits widersprochen haben: Mit diesem Absatz machen Sie dem Inkassobüro noch einmal deutlich, dass Sie bereits Widerspruch gegen die im Mahnbescheid benannte Forderung eingelegt haben. Sie können Ihren damaligen Widerspruch in Kopie beifügen. Da viele Inkassodienstleister selbst als große Unternehmen agieren, in denen zahlreiche Mitarbeiter tätig sind, kann Ihr Fall immer wieder von einem neuen Sachbearbeiter begutachtet werden. Durch die Beifügung Ihres bereits geäußerten Widerspruchs hat der jeweilige Sachbearbeiter sofort den Brief vor Augen und muss diesen nicht erst langwierig in den Akten suchen.

Hinweis auf Schufa: Eine widersprochene Forderung darf nicht in die Schufa oder eine andere Auskunftei eingetragen werden. Mit diesem Satz weisen Sie klar auf die Rechtslage hin und machen damit deutlich, dass Sie unter keinen Umständen eine Weitergabe Ihrer Daten an eine Auskunftei wünschen.

Fristsetzung zur Stellungnahme: Um das Inkassounternehmen zum Handeln und zur Stellungnahme aufzufordern, setzen Sie diesem eine Frist. Bitte beachten Sie, dass es sich hierbei nicht um eine gesetzliche Frist handelt. Das heißt, nach Ablauf der Frist tritt keine gesetzlich vorgegebene Wirkung ein. Es handelt sich um eine rein privat gesetzte Frist, die die Gegenseite zum Tätigwerden auffordert.

Widerspruch gegen weitere Mahnungen: Da Sie mit dem jetzigen Schreiben Widerspruch gegen die Forderung eingelegt haben, und diesen Widerspruch konsequent aufrecht erhalten werden, würde es für das Inkassobüro wenig Sinn ergeben, wenn es Ihnen noch weitere Mahnungen zukommen lassen würde. Die dadurch entstehenden Kosten können verhindert werden, was Sie mit diesem Absatz deutlich machen. In einem Rechtsstreit ist jede Seite dazu verpflichtet, den entstehenden Schaden so gering wie möglich zu halten. Verstößt eine Seite gegen diesen Grundsatz, so kann zu einem späteren Zeitpunkt die Gegenseite nicht zur Übernahme der unnötigen Kosten gezwungen werden.

6.5 Weiteres Vorgehen nach Widerspruch gegen die Inkassomahnung

Trotz des von Ihnen geäußerten Widerspruchs wird das Inkassounternehmen weiterhin versuchen, von Ihnen eine Zahlung zu erhalten. Das hängt damit zusammen, dass das Inkassounternehmen die Forderung aufgekauft hat und nun versucht, mit Hilfe der Forderung einen Gewinn zu erzielen. Erhaltenes Geld muss das Inkassobüro nicht mehr an den ursprünglichen Auftraggeber weiterreichen, sondern kann dieses selbst behalten.

Es ist daher möglich, dass Sie noch über Monate hinweg regelmäßige Mahnschreiben erhalten. Diese weiteren Inkassomahnungen entfalten keine neue rechtliche Wirksamkeit, sie dienen alleine dazu, Sie einem gewissen Zahlungsdruck auszusetzen.

Meist handelt es sich dabei um computergenerierte Mahnschreiben, das heißt, Ihre Adressdaten sind im System des Inkassodienstleisters hinterlegt und werden in festgelegten Abständen aufgerufen, um ein automatisch erstelltes Mahnschreiben auszudrucken und zu versenden. Dieses trägt nicht einmal mehr die Unterschrift, ein Mensch schaut in vielen Fällen überhaupt nicht mehr darauf.

Es ist eigentlich nicht notwendig, jeder einzelnen dieser Mahnungen zu widersprechen, da Sie bereits einen Widerspruch geäußert haben. In rechtlicher Hinsicht reicht es aus, einer unberechtigten Forderung einmalig zu widersprechen.

Aus Erfahrung weiß ich, dass sich viele von unberechtigten Mahnungen bedrohte Personen sicherer fühlen, wenn sie den einzelnen Mahnungen jeweils einen weiteren Widerspruch entgegensetzen. Selbstverständlich können auch Sie den weiteren Mahnungen jeweils mit einem Widerspruch entgegnen.

Nutzen Sie für die folgenden Widersprüche lediglich den Versand per E-Mail, ein Einschreiben ist hierfür nicht notwendig, da es sich um eine bereits widersprochene Forderung handelt. Es wäre zu teuer, für jeden einzelnen Widerspruch immer wieder ein Einschreiben mit Rückschein zu versenden.

An
(Name des Inkassobüros)
(Straße, Hausnummer)
(Postleitzahl, Stadt)

Nur per E-Mail an: (E-Mail-Adresse des Inkassounternehmens)

Angelegenheit (Auftraggeber) ./. (Ihr Name)
Ihr Aktenzeichen: (Aktenzeichen des Inkassobüros)
Widerspruch gegen Ihre Forderung vom (Datum) über (Betrag)
Aufrechterhaltung des Widerspruchs

Sehr geehrte Damen und Herren,

hiermit erkläre ich Ihnen den Widerspruch gegen die von Ihnen zugeschickte Mahnung vom (Datum) über einen Betrag von (Betrag). Bereits mit Schreiben vom (Datum) habe ich Ihrer Forderung widersprochen. Dieser Widerspruch wird von mir aufrecht erhalten.

Mit freundlichen Grüßen
(Ihr Name und Unterschrift)
(Ort, Datum)

Mit diesem Musterbrief zeigen Sie dem Inkassounternehmen erneut auf, dass Sie die Forderung für unberechtigt halten und nicht bezahlen werden. Im Idealfall gibt der Inkassodienstleister nach einiger Zeit auf und stellt keine weiteren Forderungen an Sie.

Einige Inkassobüros sind jedoch besonders hartnäckig und arbeiten mit Rechtsanwaltskanzleien zusammen. Das Ziel ist es, größtmöglichen Zahlungsdruck auf Sie auszuüben. Bitte machen Sie sich keine Sorgen. Es handelt sich um ein Verfahren, das von zahlreichen Inkassodienstleistern standardisiert angewendet wird. Letztendlich bleibt es bei einer unberechtigten Forderung, die lediglich durch eine weitere neue Institution angemahnt wird. Setzen Sie dem Mahnschreiben einer Anwaltskanzlei mit obigem kurzen Musterbrief einen Widerspruch per E-Mail entgegen, um deutlich zu machen, dass es sich um eine bestrittene Forderung handelt.

Wurde der Mahnbescheid bereits von einer Rechtsanwaltskanzlei beantragt, so haben Sie den oben abgedruckten Musterbrief an diese Anwaltskanzlei geschickt. Dann kann es passieren, dass die Anwaltskanzlei die Forderung wieder zurück an ein Inkassobüro gibt. Erhalten Sie nach Widerspruch gegen eine Rechtsanwaltskanzlei ein neues Mahnschreiben von einem Inkassobüro, so entsteht durch diesen Vorgang keine neue Forderung. Es bleibt bei der alten, der Sie bereits widersprochen haben. Nutzen Sie einfach den oben abgedruckten kurzen Musterbrief, um per E-Mail den Widerspruch auch gegen das nun neu aufgetauchte Inkassobüro aufrecht zu erhalten.

Leider zelebrieren zahlreiche Inkassodienstleister dieses Spiel. Forderungen werden von der einen Institution zur anderen abgegeben, nur um immer wieder neue Mahnungen versenden zu können. Das Ziel liegt darin, bei Ihnen als vermeintlichem Schuldner größtmöglichen Zahlungsdruck und Verwirrung aufzubauen. Zudem nutzen manche Inkassounternehmen und Inkassokanzleien dieses Verfahren, um mit jedem neuen Brief weitere Gebühren auf die Forderung aufschlagen zu können. Bitte lassen Sie sich davon nicht beirren. Egal wer Ihnen Mahnungen schickt, handelt es sich um eine widersprochene Forderung, so bleibt dieser Widerspruch bestehen.

Haben Sie die gesamte Prozedur des mehrfachen Widerspruchs sowohl gegen den Mahnbescheid als auch gegen die Inkassomahnung überstanden, so wird das Inkassobüro nach mehreren Monaten des Mahnens die Forderung möglicherweise intern stornieren und die Angelegenheit aufgeben. Das ist vor allem dann der Fall, wenn es sich um kleinere Forderungsbeträge handelt, oder wenn das Inkassobüro Ihren Widerspruch rechtlich überprüft hat und feststellt, dass dieser tatsächlich berechtigt ist.

Handelt es sich um einen größeren Geldbetrag, und vermutet das Inkassounternehmen, dass die Forderung zu Recht besteht, so kann es zu einem gerichtlichen Klageverfahren kommen. Bitte heben Sie für diesen Fall sämtliche Unterlagen fünf Jahre lang in einem Ordner sicher verwahrt auf, so dass Sie im Fall der Fälle auf diese zurückgreifen können.

Bei einem gut begründeten Widerspruch ist die Gefahr eines gerichtlichen Klageverfahrens aber als sehr gering einzuschätzen, bitte machen Sie sich deswegen keine allzu großen Sorgen.

7 Wie geht es weiter, wenn es sich um eine vollständig berechtigte Forderung handelt?

Wird gegen Sie eine vollständig berechtigte Forderung geltend gemacht, die Sie beispielsweise aufgrund eines finanziellen Engpasses derzeit nicht bezahlen können, so machen sich viele Gläubiger Sorgen, ob sie das Geld überhaupt erhalten werden. Das ist verständlich, denn der Schuldner kennt Sie in vielen Fällen nicht persönlich und weiß nicht, wann Sie finanziell wieder besser dastehen werden.

Die Sorge besteht vor allem in Bezug auf die Verjährung, denn diese beträgt im Normalfall drei Jahre und kann schnell vorüber sein. Hat der Gläubiger innerhalb der Verjährungsfrist keine Zahlung von Ihnen erlangt, so kann er die Forderung nicht mehr gegen Sie geltend machen. Sie können dann die Einrede der Verjährung vorhalten und sind ab diesem Moment zu keiner Zahlung mehr verpflichtet.

Eine Möglichkeit, um die Verjährungsfrist von drei auf 30 Jahre zu verlängern bestünde darin, ein gerichtliches Klageverfahren gegen Sie zu erheben, um ein Urteil auf Zahlung zu erwirken. Mit dem Urteil würde der Gläubiger einen „Titel" in Händen halten, aufgrund dessen er 30 Jahre lang die Zahlung von Ihnen verlangen kann. Innerhalb dieser Zeitspanne kann der Gläubiger mit Hilfe des Titels sogar einen Gerichtsvollzieher beauftragen oder eine Lohn- und Kontopfändung beantragen.

Ein Gerichtsverfahren würde der Gläubiger gewinnen, da es sich unstreitig um eine berechtigte Forderung handelt. Nun wäre es aber zeit- und kostspielig, bei jeder berechtigten Forderung ein gerichtliches Klageverfahren anzustrengen, nur um ein Urteil, also einen vollstreckungsfähigen Titel, zu erlangen. Zudem würde die Gerichtsbarkeit unnötig belastet werden.

Genau für einen solchen Fall hat sich der Gesetzgeber den Mahnbescheid ausgedacht: Berechtigte und unbestrittene Forderungen, die lediglich aufgrund eines finanziellen Engpasses noch unbezahlt sind, sollen über einen Mahn- und Vollstreckungsbescheid abgesichert werden. Der Gläubiger kann durch diesen automatisierten Weg einfach und kostengünstig einen Titel erhalten. Er muss lediglich einen Antrag auf Mahn- und Vollstreckungsbescheid stellen und Sie bitten, diesem nicht zu widersprechen. Dann kann er 30 Jahre lang die Zahlung von Ihnen verlangen und notfalls in Ihr Vermögen vollstrecken. Für Sie selbst bedeutet das auch etwas positives, denn Sie erhalten einen Zahlungsaufschub und müssen die Zahlung erst dann leisten, wenn Sie finanziell dazu in der Lage sind.

Nun kommt das entscheidende: Der Gläubiger sollte die Beantragung eines Mahnbescheides unbedingt mit Ihnen zuvor absprechen. Er sollte Ihnen mitteilen, dass er aufgrund der bestehenden Verjährungsgefahr einen Titel benötigt, um auch nach drei Jahren die berechtigte Forderung noch gegen Sie geltend machen zu können. Das bedeutet, der Gläubiger sollte Ihnen mitteilen, aus welchem Grund er Ihnen den Mahn- und Vollstreckungsbescheid zukommen lässt. Weiterhin sollte er Sie bitten, diesem nicht zu widersprechen, damit der Mahnbescheid seine Wirkung entfaltet. Im Idealfall sollte der Gläubiger Ihnen eine schriftliche Zusicherung geben, dass er trotz des Erhalts eines Titels keinen Negativeintrag in der Schufa gegen Sie veranlasst. Liegen diese Voraussetzungen vor, so können Sie einem Mahnbescheid zustimmen. Es wäre auf jeden Fall die für Sie günstigere Alternative, als ein gerichtliches Klageverfahren erleben zu müssen.

Die Realität sieht meist anders aus: Der Gläubiger, meist ein Inkassounternehmen oder eine Inkasso-Rechtsanwaltskanzlei, lassen Ihnen ungefragt und ohne jegliche Absprache einen Mahnbescheid zukommen. Handelt es sich um eine berechtigte Forderung, so stehen Sie vor der Wahl zwischen dem Widerspruch gegen den Mahnbescheid und der möglichen Inkaufnahme eines gerichtlichen Klageverfahrens. Oder Sie stimmen dem Mahnbescheid zu und legen keinen Widerspruch ein. Dann riskieren Sie einen Schufa-Negativeintrag, denn viele Inkassobüros oder Inkasso-Rechtsanwaltskanzleien veranlassen einen solchen Schufa-Negativeintrag, sobald ihnen ein Titel gegen den Schuldner vorliegt. Dieses Risiko ist zu hoch. Aus diesem Grund ist es ratsam, selbst bei einer berechtigten Forderung, und wenn zuvor keine Absprache mit dem Gläubiger getroffen wurde, einen vollständigen Widerspruch gegen den Mahnbescheid einzulegen. Selbst ein Teilwiderspruch ist nicht ratsam, denn dann würde über den nicht-widersprochenen Teilbetrag ein Schufa-Negativeintrag veranlasst.

Aus diesem Grund mein Ratschlag: Legen Sie unbedingt einen vollständigen Widerspruch gegen den Mahnbescheid ein, selbst wenn es sich um eine berechtigte Forderung handelt, und Sie zuvor keine Absprache mit dem Gläubiger getroffen haben. Es gibt keine Alternative, um einen Schufa-Negativeintrag zu vermeiden. Nach erfolgtem Widerspruch wenden Sie sich jedoch mit dem unten abgedruckten Musterbrief an das Inkassounternehmen und bieten Ihre Bereitschaft zur gütlichen Einigung an.

Sie machen den Vorschlag, dass Sie zwar Widerspruch gegen den Mahnbescheid eingelegt haben, jedoch zu einem Vergleich bereit sind. Insofern schlagen Sie einen bestimmten Prozentbetrag von beispielsweise 50% vor. Geht das Inkassounternehmen darauf nicht ein, so können Sie in langsamen Schritten den Betrag zur gütlichen Einigung nach oben setzen. Selbst wenn die Einigung am Ende bei 80% oder 90% liegt ist das immer noch besser, als wenn Sie einen Schufa-Negativeintrag erhalten hätten.

Meiner Erfahrung nach sind so gut wie alle Inkassodienstleister zu einer gütlichen Einigung bereit. Es erfordert manchmal nur etwas geduldiges Verhandlungsgeschick, um eine vernünftige Einigung zu erzielen. Am Ende haben Sie durch diese Vorgehensweise einen vollstreckbaren Titel und einen Schufa-Negativeintrag vermieden, als auch den zu zahlenden Betrag reduziert.

Möchten Sie den Einigungsbetrag nur in Raten bezahlen, weil Ihre finanzielle Situation das nicht anders zulässt, so können Sie zudem eine Ratenzahlungsvereinbarung treffen. Meiner Erfahrung nach lassen viele Inkassodienstleister die Möglichkeit einer Ratenzahlung problemlos zu, wenn man die eigene schwierige finanzielle Lage nachvollziehbar geschildert hat.

Die folgenden Musterbriefe richten sich gegen ein Inkassobüro als Antragsteller des Mahnbescheids. Wie oben bereits geschildert, werden die meisten Mahnbescheide in Deutschland von Inkassodienstleistern beantragt. Auf der unteren Hälfte der ersten Seite des Mahnbescheids können Sie sehen, wer der Antragsteller des Mahnbescheids ist. Unten links ist der ursprüngliche Gläubiger benannt, unten rechts dessen Vertreter bzw. Prozessbevollmächtigter. Dort können Sie den Namen des Inkassobüros lesen.

Steht an dieser Stelle der Name einer Rechtsanwaltskanzlei, so richten Sie die folgenden Musterschreiben direkt an diese Anwaltskanzlei. Widerspruchsschreiben müssen immer an die Stelle gerichtet werden, die sich zuletzt bei Ihnen gemeldet hat.

Liegt bei Ihnen der seltene Fall vor, dass der Gläubiger selbst den Mahnbescheid beantragt hat, so steht lediglich dessen Name unter „Antragssteller", ein Prozessbevollmächtigter wird dann nicht benannt. Wandeln Sie für diesen Fall die unten abgedruckten Musterbriefe einfach so um, dass Sie diese direkt an den Antragsteller richten, egal ob es sich dabei um eine Privatperson oder ein Unternehmen handelt.

Ein wichtiger Hinweis zur Schufa: Eine widersprochene Forderung darf nicht in die Schufa oder in andere Auskunfteien eingetragen werden. Das gilt jedoch nur dann, wenn der Widerspruch rechtzeitig erfolgt ist. Grundsätzlich sollte ein schriftlicher Widerspruch immer sofort erfolgen, nachdem man von einer Forderung erfahren hat.

Haben Sie bislang von der nun gegen Sie geltend gemachten Forderung gewusst, und nicht widersprochen, so besteht die tatsächliche Gefahr eines Schufa-Negativeintrags. Das ist vor allem dann der Fall, wenn Sie bereits zweimalig eine Mahnung erhalten haben, die sowohl auf die offene Forderung, als auch auf einen drohenden Schufa-Negativeintrag hingewiesen hat, und zwischen den beiden Mahnungen mindestens vier Wochen Zeitabstand lagen. Neben dem Widerspruch gegen den Mahnbescheid muss daher unbedingt noch ein zusätzlicher schriftlicher Widerspruch direkt gegen den Antragsteller erfolgen.

Das ist das maximal mögliche, was Sie in einer derartigen schwierigen Lage unternehmen können. Aufgrund der vor Erlass des Mahnbescheids noch unbestrittenen Forderung und den Hinweisen auf einen möglichen Negativeintrag würden die Eintragungsvoraussetzungen nach dem Bundesdatenschutzgesetz vorliegen, ein Schufa-Negativeintrag wäre damit rechtmäßig.

Sind diese Voraussetzungen jedoch nicht vollständig erfüllt, so ist ein Schufa-Negativeintrag rechtswidrig. Daher sollte der Widerspruch umgehend nachgeholt werden. Das ist der Grund, warum Sie den nun folgenden Musterbrief an die Gegenseite versenden. Mit dessen Hilfe kann der Forderung ein rechtssicherer Widerspruch entgegen gesetzt werden, der letztendlich den Negativeintrag in einer Auskunftei rechtlich unzulässig macht, falls die Voraussetzungen für einen solchen vor Erlass des Mahnbescheids noch nicht vorhanden waren. Der bereits von Ihnen getätigte Widerspruch gegen den Mahnbescheid beseitigt die Gefahr eines vollstreckbaren Titels, und der nun folgende Widerspruchsbrief hat den Zweck, dass evtl. noch gegebene Voraussetzungen für einen Schufa-Negativeintrag zunichte gemacht werden.

7.1 Musterbrief an das Inkassobüro nach Widerspruch gegen den Mahnbescheid

Bitte nutzen Sie den folgenden Musterbrief, um auf eine berechtigte Forderung zu reagieren, nachdem Sie gegen den gerichtlichen Mahnbescheid Widerspruch eingelegt haben. Bitte versenden Sie diesen Brief sehr zeitnah bzw. nach Möglichkeit sogar zeitgleich, nachdem Sie dem Mahnbescheid widersprochen haben.

Absender:
(Vorname, Name)
(Straße, Hausnummer)
(Postleitzahl, Stadt)

An
(Name des Inkassobüros)
(Straße, Hausnummer)
(Postleitzahl, Stadt)

Als PDF per E-Mail an: (E-Mail-Adresse des Inkassobüros)
Per Fax an: (Faxnummer des Inkassobüros)
Per Einschreiben mit Rückschein

Angelegenheit (Auftraggeber) ./. (Ihr Name)
Ihr Aktenzeichen: (Aktenzeichen des Inkassobüros)
Widerspruch gegen Ihren Mahnbescheid vom (Datum) über (Betrag)
Vorschlag zur gütlichen Einigung

Sehr geehrte Damen und Herren,
mit Ihrem Mahnbescheid vom (Datum) fordern Sie einen Betrag in Höhe von (Betrag) von mir. Gegen diesen Mahnbescheid habe ich einen vollständigen Widerspruch eingelegt. Hiermit halte ich den Widerspruch gegen die im Mahnbescheid aufgestellten Forderungen aufrecht.

Unabhängig vom Bestehen oder Nichtbestehen einer berechtigten Forderung möchte ich Ihnen den Vorschlag zu einer gütlichen Einigung machen, um die Sache, ohne Anerkennung einer Rechtspflicht, zu einem baldigen Abschluss bringen zu können. Ich biete Ihnen die Zahlung eines Vergleichsbetrages in Höhe von 50% der im Mahnbescheid genannten Forderung an, also (Betrag). Mit Zahlung dieses Betrages wäre die Angelegenheit dann für beide Seiten vollständig abgeschlossen.

Dieser Einigungsvorschlag beinhaltet keine weiteren Zinsberechnungen oder sonstige zusätzliche Gebühren oder Kosten.

Aufgrund meiner derzeitigen finanziellen Situation bitte ich Sie um eine Ratenzahlungsvereinbarung in Bezug auf den Einigungsbetrag. Ich wäre in der Lage, Ihnen einen monatlichen Betrag in Höhe von (Betrag) zu bezahlen.

Rein vorsorglich weise ich darauf hin, dass eine widersprochene Forderung nicht an eine Auskunftei wie beispielsweise die Schufa etc. gemeldet werden darf. Daher widerspreche ich hiermit der Weitergabe meiner Daten.

Ich bitte Sie, mir innerhalb von drei Wochen ab Erhalt dieses Schreibens schriftlich mitzuteilen, ob Sie die Angelegenheit weiter verfolgen werden bzw. ob Sie mit der hier vorgestellten gütlichen Einigung einverstanden sind.

Bitte erlassen Sie keine weiteren Mahnschreiben. Da ich die Forderung bestreite, könnte auf dem Weg der fortführenden Mahntätigkeit Ihrerseits keine weitere Klärung der Sachlage herbeigeführt werden.

Mit freundlichen Grüßen
(Ihr Name und Unterschrift)
(Ort, Datum)

7.2 Was bewirkt dieser Brief?

Widerspruch gegen die Forderung: Zunächst machen Sie dem Inkassobüro gegenüber deutlich, dass Sie der Forderung widersprechen. Selbst wenn es sich um eine berechtigte Forderung handelt, ist der Widerspruch wichtig, um einen Schufa-Negativeintrag zu vermeiden. Widersprochene Forderungen dürfen nicht in die Schufa eingetragen werden.

Vorschlag zur gütlichen Einigung: Setzen Sie als Einigungsbetrag zunächst einen Wert von 50% des Gesamtforderungsbetrages an. Viele Inkassounternehmen sind bereit, gütliche Einigungen zur Hälfte des geschuldeten Betrags durchzuführen. Sollte auf dieser Basis keine Einigung möglich sein, so können Sie Ihre weitere Einigungsbereitschaft signalisieren und einen erneuten, etwas höher angesetzten Betrag benennen. Hierzu finden Sie weiter unten das Musterschreiben.

Keine weiteren Zinsen und Gebühren: Der Einigungsvorschlag ist ein fest angesetzter Betrag. Er beinhaltet keine weitere Hinzurechnung von Zinsen oder Gebühren. Das ist wichtig, denn sonst setzen manche Inkassobüros den Zinssatz so hoch an, dass, sollte eine Ratenzahlung vereinbart werden, der Betrag nie abbezahlt werden kann. Die Zinsen steigen dann schneller als die Beträge, die bereits vom Schuldner geleistet wurden. Dadurch wächst der Einigungsbetrag immer weiter, eine Abbezahlung ist nicht möglich. Ähnlich verhält es sich mit weiteren Gebühren. Gerne erfinden unseriöse Inkassounternehmen neue Gebühren, die sie auf den Einigungsbetrag hinzuaddieren, so dass dieser sich immer weiter erhöht. Ihr Ziel soll es sein, dass Sie einen konkreten fixen Betrag vorschlagen, den Sie dann monatlich abbezahlen. Sie sollen durch Ihre Zahlung deutlich erkennen können, dass sich der Betrag kontinuierlich vermindert.

Ratenzahlungsvorschlag: Können Sie aufgrund Ihrer finanziellen Situation den Einigungsbetrag nicht auf einmal bezahlen, so bietet sich eine Ratenzahlungsvereinbarung an. Diese Bitte können Sie gleich in Ihr erstes Schreiben mit aufnehmen. Können Sie den Betrag auf einmal leisten, so lassen Sie den Absatz einfach weg. Ansonsten machen Sie einen Vorschlag, welchen monatlichen Betrag Sie an das Inkassounternehmen entrichten können. Meiner Erfahrung nach werden diese Vorschläge im Regelfall angenommen. Sollte das nicht so sein, so können Sie in einem weiteren Schreiben Ihre finanzielle Lage etwas näher beschreiben und die entsprechenden Belege über Ihr Einkommen und Ihre Ausgaben in Kopie beifügen. Spätestens dann erklären sich viele Inkassodienstleister zu einer Ratenzahlungsvereinbarung bereit.

Hinweis auf Schufa: Eine widersprochene Forderung darf nicht in die Schufa oder eine andere Auskunftei eingetragen werden. Mit diesem Satz weisen Sie klar auf die Rechtslage hin und machen damit deutlich, dass Sie unter keinen Umständen eine Weitergabe Ihrer Daten an eine Auskunftei wünschen.

Fristsetzung zur Stellungnahme: Um das Inkassounternehmen zum Handeln und zur Stellungnahme aufzufordern, setzen Sie diesem eine Frist. Bitte beachten Sie, dass es sich hierbei nicht um eine gesetzliche Frist handelt. Das heißt, nach Ablauf der Frist tritt keine gesetzlich vorgegebene Wirkung ein. Es handelt sich um eine rein privat gesetzte Frist, die die Gegenseite zum Tätigwerden auffordert.

Widerspruch gegen weitere Mahnungen: Da Sie mit dem jetzigen Schreiben Widerspruch gegen die Forderung eingelegt haben, und diesen Widerspruch konsequent aufrecht erhalten werden, würde es für das Inkassobüro wenig Sinn ergeben, wenn es Ihnen noch weitere Mahnungen zukommen lässt. Die dadurch entstehenden Kosten können verhindert werden, was Sie mit diesem Absatz deutlich machen. In einem Rechtsstreit ist jede Seite dazu verpflichtet, den entstehenden Schaden so gering wie möglich zu halten. Verstößt eine Seite gegen diesen Grundsatz, so kann zu einem späteren Zeitpunkt die Gegenseite nicht zur Übernahme der unnötigen Kosten gezwungen werden.

7.3 Weiteres Vorgehen nach dem Vorschlag zur gütlichen Einigung

Hält das Inkassobüro Ihren Einigungsvorschlag für zu niedrig angesetzt, so wird es Ihnen entweder einen neuen höheren Vorschlag machen, oder nach wie vor den vollen Betrag einfordern. Ist das der Fall, so nutzen Sie bitte den folgenden Musterbrief, um dem Inkassounternehmen einen neuen Vorschlag zur gütlichen Einigung zu machen:

An
(Name des Inkassobüros)
(Straße, Hausnummer)
(Postleitzahl, Stadt)

Nur per E-Mail an: (E-Mail-Adresse des Inkassounternehmens)

Angelegenheit (Auftraggeber) ./. (Ihr Name)
Ihr Aktenzeichen: (Aktenzeichen des Inkassobüros)
Widerspruch gegen Ihre Forderung vom (Datum) über (Betrag)
Ihr Schreiben vom (Datum)
Neuer Vorschlag zur gütlichen Einigung

Sehr geehrte Damen und Herren,

haben Sie vielen Dank für Ihr Schreiben vom (Datum). Leider teilen Sie mir darin mit, dass Sie meinen Einigungsvorschlag nicht annehmen möchten. Ich halte daher meinen Widerspruch gegen die Gesamtforderung aufrecht. Da ich diese Angelegenheit nach wie vor gütlich beenden möchte, mache ich Ihnen hiermit ein neues Einigungsangebot: Ich biete Ihnen die Zahlung eines Vergleichsbetrages in Höhe von 60% der im Mahnbescheid genannten Forderung an, also (Betrag). Mit Zahlung dieses Betrages wäre die Angelegenheit dann für beide Seiten vollständig abgeschlossen. Dieser Einigungsvorschlag beinhaltet keine weiteren Zinsberechnungen oder sonstige zusätzliche Gebühren oder Kosten. Ich bitte um eine Abbezahlung des Einigungsbetrags in Form einer Ratenzahlung.

Mit freundlichen Grüßen
(Ihr Name)
(Ort, Datum)

Geht das Inkassounternehmen auch nicht auf diesen neuerlichen Einigungsvorschlag ein, so können Sie diese Vorgehensweise fortsetzen und erneut einen etwas höher angesetzten Vorschlag unterbieten. Im Regelfall ist fast immer eine Einigung zwischen 50% und 75% möglich. Die wenigsten Inkassodienstleister wollen es auf ein gerichtliches Klageverfahren ankommen lassen.

Selbst wenn Sie Ihren Vorschlag bis auf den Betrag der Hauptforderung hochsetzen, und dieser Vorschlag letztendlich akzeptiert wird, haben Sie gewonnen. Denn damit vermeiden Sie, obwohl es sich um eine berechtigte Forderung handelt, einen gegen Sie gerichteten Titel und einen Schufa-Negativeintrag.

Ist das Inkassounternehmen zu absolut keiner Einigung bereit, und verlangt von Ihnen die Zahlung der Hauptforderung zusammen mit den eigentlich unberechtigten Inkassogebühren, so haben auch Sie die Option, zunächst keinen weiteren Einigungsversuch zu unternehmen.

Das Inkassounternehmen wird dann weiterhin versuchen, von Ihnen eine Zahlung zu erhalten. Es ist möglich, dass Sie über Monate hinweg regelmäßige Mahnschreiben erhalten. Diese weiteren Inkassomahnungen entfalten keine neue rechtliche Wirksamkeit, sie dienen alleine dazu, Sie einem gewissen Zahlungsdruck auszusetzen.

Meist handelt es sich dabei um computergenerierte Mahnschreiben, das heißt, Ihre Adressdaten sind im System des Inkassodienstleisters hinterlegt und werden in festgelegten Abständen aufgerufen, um ein automatisch erstelltes Mahnschreiben auszudrucken und zu versenden. Dieses trägt nicht einmal mehr die Unterschrift, ein Mensch schaut in vielen Fällen überhaupt nicht darauf.

Es ist eigentlich nicht notwendig, jeder einzelnen dieser Mahnungen zu widersprechen, da Sie bereits einen Widerspruch geäußert haben. In rechtlicher Hinsicht reicht es aus, einer unberechtigten Forderung einmalig zu widersprechen.

Aus Erfahrung weiß ich, dass sich viele von unberechtigten Mahnungen bedrohte Personen sicherer fühlen, wenn sie den einzelnen Mahnungen jeweils einen weiteren Widerspruch entgegensetzen. Selbstverständlich können auch Sie den weiteren Mahnungen jeweils mit einem Widerspruch entgegnen.

Nutzen Sie für die folgenden Widersprüche lediglich den Versand per E-Mail, ein Einschreiben ist hierfür nicht notwendig, da es sich um eine bereits widersprochene Forderung handelt. Es wäre zu teuer, für jeden einzelnen Widerspruch immer wieder ein Einschreiben mit Rückschein zu versenden.

An
(Name des Inkassobüros)
(Straße, Hausnummer)
(Postleitzahl, Stadt)

Nur per E-Mail an: (E-Mail-Adresse des Inkassounternehmens)

Angelegenheit (Auftraggeber) ./. (Ihr Name)
Ihr Aktenzeichen: (Aktenzeichen des Inkassobüros)
Widerspruch gegen Ihre Forderung vom (Datum) über (Betrag)
Aufrechterhaltung des Widerspruchs

Sehr geehrte Damen und Herren,

hiermit erkläre ich Ihnen den Widerspruch gegen die von Ihnen zugeschickte Mahnung vom (Datum) über einen Betrag von (Betrag). Bereits mit Schreiben vom (Datum) habe ich Ihrer Forderung widersprochen. Dieser Widerspruch wird von mir aufrecht erhalten. Ich biete Ihnen nach wie vor an, die Angelegenheit im Rahmen einer gütlichen Einigung zu beenden. Sollten auch Sie dazu bereit sein, so bitte ich um einen angemessenen Einigungsvorschlag.

Mit freundlichen Grüßen
(Ihr Name)
(Ort, Datum)

Mit diesem Musterbrief zeigen Sie dem Inkassounternehmen auf, dass Sie die Forderung für unberechtigt halten und nicht bezahlen werden. Gleichzeitig signalisieren Sie, dass Sie nach wie vor zu einer gütlichen Einigung bereit sind.

Im Idealfall gibt der Inkassodienstleister nach einiger Zeit auf und stellt keine weiteren Forderungen an Sie, oder er unterbreitet einen vernünftigen Einigungsvorschlag.

Einige Inkassobüros sind jedoch besonders hartnäckig und arbeiten mit Rechtsanwaltskanzleien zusammen. Das Ziel ist es, größtmöglichen Zahlungsdruck auf Sie auszuüben. Bitte machen Sie sich keine Sorgen. Es handelt sich um ein Verfahren, das von zahlreichen Inkassodienstleistern standardisiert angewendet wird. Letztendlich bleibt es bei der selben bereits widersprochenen Forderung, die lediglich durch eine weitere neue Institution angemahnt wird. Setzen Sie dem Mahnschreiben einer Anwaltskanzlei mit obigem kurzen Musterbrief einen Widerspruch per E-Mail entgegen, um deutlich zu machen, dass es sich um eine bestrittene Forderung handelt. Geben Sie auch der Anwaltskanzlei einen Vorschlag zur gütlichen Einigung, um Ihre Vergleichsbereitschaft zu signalisieren.

Wurde der Mahnbescheid bereits von einer Rechtsanwaltskanzlei beantragt, so haben Sie den oben abgedruckten Musterbrief an diese Anwaltskanzlei geschickt. Dann kann es passieren, dass die Anwaltskanzlei die Forderung wieder zurück an ein Inkassobüro gibt. Erhalten Sie nach Widerspruch gegen eine Rechtsanwaltskanzlei ein neues Mahnschreiben von einem Inkassobüro, so entsteht durch diesen Vorgang keine neue Forderung. Es bleibt bei der alten, der Sie bereits widersprochen haben. Nutzen Sie einfach den oben abgedruckten kurzen Musterbrief, um per E-Mail den Widerspruch auch gegen das nun neu aufgetauchte Inkassobüro aufrecht zu erhalten. In Bezug auf dieses ist natürlich ein erneuter Einigungsvorschlag möglich.

Leider zelebrieren zahlreiche Inkassodienstleister dieses Spiel. Forderungen werden von der einen Institution zur anderen abgegeben, nur um immer wieder neue Mahnungen versenden zu können. Das Ziel liegt darin, bei Ihnen als Schuldner größtmöglichen Zahlungsdruck und Verwirrung aufzubauen. Zudem nutzen manche Inkassounternehmen und Inkassokanzleien dieses Verfahren, um mit jedem neuen Brief weitere Gebühren auf die Forderung aufschlagen zu können. Bitte lassen Sie sich davon nicht beirren. Egal wer Ihnen Mahnungen schickt, handelt es sich um eine widersprochene Forderung, so bleibt dieser Widerspruch bestehen. Ein erneuter Einigungsvorschlag ist aber zu jedem Zeitpunkt möglich.

In manchen Fällen wendet sich das Inkassounternehmen mit einem Schreiben an Sie, in dem darauf hingewiesen wird, dass ein Widerspruch gegen den gerichtlichen Mahnbescheid eingelegt wurde. Im selben Schreiben bittet das Inkassobüro um eine Begründung, warum dem Mahnbescheid widersprochen wurde, und fordert Sie zur Rücknahme des Widerspruchs auf. Manchmal wird sogar ein Formular beigefügt, mit dessen Hilfe der Widerspruch beim Mahngericht zurückgenommen werden soll.

Das Inkassobüro verhält sich damit so, als ob es nie von Ihrem bereits zuvor eingelegten Widerspruch erfahren hat. Da es Sie zur Begründung auffordert, warum Sie einen Widerspruch gegen den Mahnbescheid eingelegt haben, vermittelt es den Eindruck, als ob kein Widerspruch besteht. Bitte lassen Sie sich dadurch nicht irritieren, natürlich bleibt Ihr bereits eingelegter Widerspruch bestehen.

Der Grund, warum das Inkassobüro Sie zur Rücknahme des Widerspruchs gegenüber dem Amtsgericht auffordert ist der, dass durch die Rücknahme des Widerspruchs der ursprüngliche Mahnbescheid seine Rechtskraft entfalten kann. Das bedeutet, der Mahnbescheid würde so behandelt, als ob nie ein Widerspruch eingelegt worden ist. Damit würde das Inkassounternehmen die Möglichkeit erhalten, einen Vollstreckungsbescheid zu beantragen. Mit diesem Vollstreckungsbescheid kann es dann 30 Jahre lang Zahlungen von Ihnen verlangen oder sogar einen Gerichtsvollzieher beauftragen und in Ihr Vermögen vollstrecken. Verständlich, dass das Inkassobüro diese einfache Möglichkeit sucht, um doch noch eine Zahlung zu erlangen.

Bitte leisten Sie dieser Aufforderung in keinem Fall Folge. Natürlich kennt das Inkassounternehmen bereits den Grund für Ihren Widerspruch, es verwendet lediglich ein Standardschreiben um Sie erneut zu verunsichern und Sie für eine Rücknahme des Widerspruchs zu überzeugen.

Bleiben Sie konsequent bei Ihrem Widerspruch und machen weiterhin einen Vorschlag zur gütlichen Einigung. Spätestens nach einer Weile wird die Gegenseite darauf eingehen. Ein Gerichtsverfahren droht in diesen Fällen so gut wie überhaupt nicht, da sowohl Sie, als auch das Inkassounternehmen bzw. die Inkasso-Rechtsanwaltskanzlei, an einer außergerichtlichen unproblematischen Beendigung des Rechtsstreits interessiert sind. Selbst wenn es zu einem gerichtlichen Klageverfahren käme, wäre spätestens dann noch immer eine gütliche Einigung möglich. Die meisten Richter halten die Parteien an, einen Vergleich zu finden, um die Sache zu einem für beide Seiten zufriedenstellenden Ergebnis zu führen.

8 Wie geht es weiter, wenn es sich um eine teilweise berechtigte Forderung handelt?

Eine teilweise berechtigte Forderung liegt dann vor, wenn Sie den einen Teil der Forderung anerkennen, den anderen jedoch nicht. Eine solche Fallkonstellation ist beispielsweise dann gegeben, wenn die gegen Sie geltend gemachte Forderung vom Grundsatz her richtig ist, aber zu hoch ausgestellt wurde. Sie möchten dann verständlicherweise nur den niedrigeren berechtigten Teilbetrag bezahlen. Oder es werden zwei Forderungen gleichzeitig gegen Sie geltend gemacht und aufaddiert, wobei es sich bei der einen um eine berechtigte handelt, bei der anderen jedoch um eine unberechtigte. Oder die Hauptforderung ist berechtigt, die Verzugsgebühren jedoch nicht, da Sie nicht ordnungsgemäß über die offene Forderung informiert wurden und Sie demgemäß nicht in Verzug geraten konnten.

Erhalten Sie nun einen Mahnbescheid, in dem sowohl berechtigte als auch unberechtigte Anteile von Ihnen zur Zahlung einverlangt werden, so ist die Versuchung groß, lediglich einen Teilwiderspruch einzulegen. Bitte machen Sie das auf keinen Fall, sondern kreuzen Sie im Widerspruchsformular immer die Option „Ich widerspreche dem Anspruch insgesamt" an.

Wie oben bereits erläutert wurde, kann ein Teilwiderspruch negativ gegen Sie verwendet werden. Unseriös agierende Inkassounternehmen und Inkasso-Rechtsanwaltskanzleien veranlassen dann hinsichtlich des nicht-widersprochenen Teilbetrags einen Schufa-Negativeintrag. Gleichzeitig nutzen diese den über den anerkannten Teilbetrag entstandenen Titel dazu, um einen Gerichtsvollzieher mit der Vollstreckung in Ihr Vermögen zu beauftragen.

Die richtige Vorgehensweise ist somit die, zunächst einen vollständigen Widerspruch gegen alle Forderungen im Mahnbescheid einzulegen. Anschließend wenden Sie sich mit unten abgedrucktem Musterbrief an die Gegenseite und erklären den Widerspruch noch einmal. Gleichzeitig teilen Sie mit, dass Sie in Bezug auf einen bestimmten Anteil zu einer gütlichen Einigung bereit sind.

Sie verweigern sich damit nicht der Zahlung des berechtigten Anteils, sondern Sie leisten diesen lediglich unter anderen Umständen. Statt durch gerichtliche Drohungen gezwungen, zahlen Sie freiwillig im Rahmen einer gütlichen Einigung. Damit gewinnt jede Seite, denn Sie vermeiden für sich erhebliche Nachteile, und die Gegenseite erhält den gewünschten Betrag, zumindest hinsichtlich des berechtigten Anteils.

Die meisten Inkassounternehmen akzeptieren eine gütliche Einigung. Zudem ist es möglich, im Rahmen einer solchen Einigung eine Ratenzahlung zu vereinbaren, falls Sie den Einigungsbetrag nicht auf einmal bezahlen können.

Die folgenden Musterbriefe richten sich gegen ein Inkassobüro als Antragsteller des Mahnbescheids. Wie oben bereits geschildert, werden die meisten Mahnbescheide in Deutschland von Inkassodienstleistern beantragt. Auf der unteren Hälfte der ersten Seite des Mahnbescheids können Sie sehen, wer der Antragsteller des Mahnbescheids ist. Unten links ist der ursprüngliche Gläubiger benannt, unten rechts dessen Vertreter bzw. Prozessbevollmächtigter. Dort können Sie den Namen des Inkassobüros lesen.

Steht an dieser Stelle der Name einer Rechtsanwaltskanzlei, so richten Sie die folgenden Musterschreiben direkt an diese Anwaltskanzlei. Widerspruchsschreiben müssen immer an die Stelle gerichtet werden, die sich zuletzt bei Ihnen gemeldet hat.

Liegt bei Ihnen der seltene Fall vor, dass der Gläubiger selbst den Mahnbescheid beantragt hat, so steht lediglich dessen Name unter „Antragssteller", ein Prozessbevollmächtigter wird nicht benannt. Wandeln Sie für diesen Fall die unten abgedruckten Musterbriefe einfach so um, dass Sie diese direkt an den Antragsteller richten, egal ob es sich dabei um eine Privatperson oder ein Unternehmen handelt.

Ein wichtiger Hinweis zur Schufa: Eine widersprochene Forderung darf nicht in die Schufa oder in andere Auskunfteien eingetragen werden. Das gilt jedoch nur dann, wenn der Widerspruch rechtzeitig erfolgt ist. Grundsätzlich sollte ein schriftlicher Widerspruch immer sofort getätigt werden, nachdem man von einer Forderung erfahren hat.

Haben Sie bislang von der nun gegen Sie geltend gemachten Forderung gewusst, und nicht widersprochen, so besteht die tatsächliche Gefahr eines Schufa-Negativeintrags. Das ist vor allem dann der Fall, wenn Sie bereits zweimalig eine Mahnung erhalten haben, die sowohl auf die offene Forderung, als auch auf einen drohenden Schufa-Negativeintrag hingewiesen hat, und zwischen den beiden Mahnungen mindestens vier Wochen Zeitabstand lag. Neben dem Widerspruch gegen den Mahnbescheid muss daher unbedingt ein zusätzlicher schriftlicher Widerspruch direkt gegen den Antragsteller erfolgen.

Das ist das maximal mögliche, was Sie in einer derartigen schwierigen Lage unternehmen können. Aufgrund der vor Erlass des Mahnbescheids unbestrittenen Forderung und den Hinweisen auf einen möglichen Negativeintrag würden die Eintragungsvoraussetzungen nach dem Bundesdatenschutzgesetz vorliegen, ein Schufa-Negativeintrag wäre rechtmäßig.

Sind diese Voraussetzungen jedoch nicht vollständig erfüllt, so ist ein Schufa-Negativeintrag rechtswidrig. Daher sollte der Widerspruch umgehend nachgeholt werden. Das ist der Grund, warum Sie den nun folgenden Musterbrief an die Gegenseite versenden. Mit dessen Hilfe kann der Forderung ein rechtssicherer Widerspruch entgegen gesetzt werden, der letztendlich den Negativeintrag in einer Auskunftei rechtlich unzulässig macht, falls die Voraussetzungen für einen solchen vor Erlass des Mahnbescheids noch nicht vorhanden waren. Der bereits von Ihnen getätigte Widerspruch gegen den Mahnbescheid beseitigt die Gefahr eines vollstreckbaren Titels, und der nun folgende Widerspruchsbrief hat den Zweck, dass evtl. noch gegebene Voraussetzungen für einen Schufa-Negativeintrag zunichte gemacht werden.

8.1 Musterbrief an das Inkassobüro nach Widerspruch gegen den Mahnbescheid

Bitte nutzen Sie den folgenden Musterbrief, um auf eine teilweise berechtigte Forderung zu reagieren, nachdem Sie gegen den gerichtlichen Mahnbescheid Widerspruch eingelegt haben. Bitte versenden Sie diesen Brief sehr zeitnah bzw. nach Möglichkeit sogar zeitgleich, nachdem Sie dem Mahnbescheid widersprochen haben.

Absender:
(Vorname, Name)
(Straße, Hausnummer)
(Postleitzahl, Stadt)

An
(Name des Inkassobüros)
(Straße, Hausnummer)
(Postleitzahl, Stadt)

Als PDF per E-Mail an: (E-Mail-Adresse des Inkassobüros)
Per Fax an: (Faxnummer des Inkassobüros)
Per Einschreiben mit Rückschein

Angelegenheit (Auftraggeber) ./. (Ihr Name)
Ihr Aktenzeichen: (Aktenzeichen des Inkassobüros)
Widerspruch gegen Ihren Mahnbescheid vom (Datum) über (Betrag)
Vorschlag zur gütlichen Einigung

Sehr geehrte Damen und Herren,
mit Ihrem Mahnbescheid vom (Datum) fordern Sie einen Betrag in Höhe von (Betrag) von mir. Gegen diesen Mahnbescheid habe ich einen vollständigen Widerspruch eingelegt. Hiermit halte ich den Widerspruch gegen die im Mahnbescheid aufgestellten Forderungen aufrecht. Sie rechnen sowohl berechtigte als auch unberechtigte Forderungsanteile ab. Insofern ergibt sich ein unberechtigter Gesamtforderungsbetrag, so dass diesem vollständig widersprochen wird.

(An dieser Stelle begründen Sie so ausführlich wie möglich, warum die Forderung in Ihren Augen zumindest teilweise unberechtigt ist.)

Unabhängig vom Bestehen oder Nichtbestehen einer berechtigten Teilforderung möchte ich Ihnen den Vorschlag zu einer gütlichen Einigung machen, um die Sache, ohne Anerkennung einer Rechtspflicht, zu einem baldigen Abschluss bringen zu können. Ich biete Ihnen die Zahlung eines Vergleichsbetrages in Höhe von (Betrag) an. Mit Zahlung dieses Betrages wäre die Angelegenheit dann für beide Seiten vollständig abgeschlossen.

Dieser Einigungsvorschlag beinhaltet keine weiteren Zinsberechnungen oder sonstige zusätzliche Gebühren oder Kosten.

Aufgrund meiner derzeitigen finanziellen Situation bitte ich Sie um eine Ratenzahlungsvereinbarung in Bezug auf den Einigungsbetrag. Ich wäre in der Lage, Ihnen einen monatlichen Betrag in Höhe von (Betrag) zu bezahlen.

Rein vorsorglich weise ich darauf hin, dass eine widersprochene Forderung nicht an eine Auskunftei wie beispielsweise die Schufa etc. gemeldet werden darf. Daher widerspreche ich hiermit der Weitergabe meiner Daten.

Ich bitte Sie, mir innerhalb von drei Wochen ab Erhalt dieses Schreibens schriftlich mitzuteilen, ob Sie die Angelegenheit weiter verfolgen werden bzw. ob Sie mit der hier vorgestellten gütlichen Einigung einverstanden sind.

Bitte erlassen Sie keine weiteren Mahnschreiben. Da ich die Forderung bestreite, könnte auf dem Weg der fortführenden Mahntätigkeit Ihrerseits keine weitere Klärung der Sachlage herbeigeführt werden.

Mit freundlichen Grüßen
(Ihr Name und Unterschrift)
(Ort, Datum)

8.2 Was bewirkt dieser Brief?

Widerspruch gegen die Forderung: Zunächst machen Sie dem Inkassobüro gegenüber deutlich, dass Sie der Forderung widersprechen. Selbst wenn es sich um eine teilweise berechtigte Forderung handelt, ist der Widerspruch wichtig, um einen Schufa-Negativeintrag zu vermeiden. Widersprochene Forderungen dürfen nicht in die Schufa eingetragen werden. Insofern wird der Widerspruch gegen den Gesamtbetrag eingelegt, da sich dieser aus berechtigten und unberechtigten Anteilen zusammensetzt.

Eigene Erläuterungen: An dieser Stelle beschreiben Sie ausführlich, warum in Ihren Augen die Forderung teilweise unberechtigt ist. Liegen Ihnen schriftliche Dokumente als Beweis vor, so legen Sie diese in Kopie anbei. Können Zeugen Ihre Aussagen bestätigen, so benennen Sie die Zeugen mit Name und Anschrift.

Vorschlag zur gütlichen Einigung: Setzen Sie als Einigungsbetrag den Wert der berechtigten Teilforderung an. Viele Inkassounternehmen sind bereit, gütliche Einigungen durchzuführen. Sollte auf dieser Basis keine Einigung möglich sein, so können Sie Ihren Forderungswiderspruch vollständig aufrecht erhalten und etwas abwarten, bis die Gegenseite zu einem späteren Zeitpunkt einigungsbereit ist. Einen höheren Betrag als den des berechtigten Anteils müssen Sie nicht hinnehmen, insbesondere müssen Sie keine Inkassogebühren akzeptieren. Da gegen Sie eine zumindest teilweise unberechtigte Forderung geltend gemacht wurde, handelt es sich bei den Inkassogebühren um unberechtigte Forderungen. Mit Ihnen hätte eine Klärung der Angelegenheit herbei geführt werden müssen, bevor weitere Gebühren aufaddiert werden.

Keine weiteren Zinsen und Gebühren: Der Einigungsvorschlag ist ein fest angesetzter Betrag. Er beinhaltet keine weitere Hinzurechnung von Zinsen oder Gebühren. Das ist wichtig, denn sonst setzen manche Inkassobüros den Zinssatz so hoch an, dass, sollte eine Ratenzahlung vereinbart werden, der Betrag nie abbezahlt werden kann. Die Zinsen steigen dann schneller als die Beträge, die bereits vom Schuldner geleistet wurden. Dadurch wächst der Einigungsbetrag immer weiter, eine Abbezahlung ist nicht möglich. Ähnlich verhält es sich mit weiteren Gebühren. Gerne erfinden unseriöse Inkassounternehmen neue Gebühren, die sie auf den Einigungsbetrag hinzuaddieren, so dass dieser sich immer weiter erhöht. Ihr Ziel soll es sein, dass Sie einen konkreten fixen Betrag vorschlagen, den Sie dann auf einmal oder monatlich abbezahlen. Sie sollen durch Ihre Zahlung deutlich erkennen können, dass sich der Betrag kontinuierlich vermindert.

Ratenzahlungsvorschlag: Können Sie aufgrund Ihrer finanziellen Situation den Einigungsbetrag nicht auf einmal bezahlen, so bietet sich eine Ratenzahlungsvereinbarung an. Diese Bitte können Sie gleich in Ihr erstes Schreiben mit aufnehmen. Können Sie den Betrag auf einmal leisten, so lassen Sie den Absatz einfach weg. Ansonsten machen Sie einen Vorschlag, welchen monatlichen Betrag Sie an das Inkassounternehmen entrichten können. Meiner Erfahrung nach werden diese Vorschläge im Regelfall angenommen.

Hinweis auf Schufa: Eine widersprochene Forderung darf nicht in die Schufa oder eine andere Auskunftei eingetragen werden. Mit diesem Satz weisen Sie klar auf die Rechtslage hin und machen damit deutlich, dass Sie unter keinen Umständen eine Weitergabe Ihrer Daten an eine Auskunftei wünschen.

Fristsetzung zur Stellungnahme: Um das Inkassounternehmen zum Handeln und zur Stellungnahme aufzufordern, setzen Sie diesem eine Frist. Bitte beachten Sie, dass es sich hierbei nicht um eine gesetzliche Frist handelt. Das heißt, nach Ablauf der Frist tritt keine gesetzlich vorgegebene Wirkung ein. Es handelt sich um eine rein privat gesetzte Frist, die die Gegenseite zum Tätigwerden auffordert.

Widerspruch gegen weitere Mahnungen: Da Sie mit dem jetzigen Schreiben Widerspruch gegen die Forderung eingelegt haben, und diesen Widerspruch konsequent aufrecht erhalten werden, würde es für das Inkassobüro wenig Sinn ergeben, wenn es Ihnen noch weitere Mahnungen zukommen lässt. Die dadurch entstehenden Kosten können verhindert werden, was Sie mit diesem Absatz deutlich machen. In einem Rechtsstreit ist jede Seite dazu verpflichtet, den entstehenden Schaden so gering wie möglich zu halten. Verstößt eine Seite gegen diesen Grundsatz, so kann zu einem späteren Zeitpunkt die Gegenseite nicht zur Übernahme der unnötigen Kosten gezwungen werden.

8.3 Weiteres Vorgehen nach Vorschlag zur gütlichen Einigung

Hält das Inkassobüro Ihren Einigungsvorschlag für zu niedrig angesetzt, so wird es Ihnen entweder einen neuen höheren Vorschlag machen, oder nach wie vor den vollen Betrag einfordern. Ist das der Fall, so nutzen Sie bitte den folgenden Musterbrief, um den Widerspruch aufrecht zu erhalten.

An
(Name des Inkassobüros)
(Straße, Hausnummer)
(Postleitzahl, Stadt)

Nur per E-Mail an: (E-Mail-Adresse des Inkassounternehmens)

Angelegenheit (Auftraggeber) ./. (Ihr Name)
Ihr Aktenzeichen: (Aktenzeichen des Inkassobüros)
Widerspruch gegen Ihre Forderung vom (Datum) über (Betrag)
Ihr Schreiben vom (Datum)

Sehr geehrte Damen und Herren,

haben Sie vielen Dank für Ihr Schreiben vom (Datum). Leider teilen Sie mir darin mit, dass Sie meinen Einigungsvorschlag nicht annehmen möchten. Ich halte daher meinen Widerspruch gegen die Gesamtforderung aufrecht. Da ich diese Angelegenheit nach wie vor gütlich beenden möchte, mache ich Ihnen hiermit noch einmal den Vorschlag des bereits benannten Einigungsbetrags über (Betrag). Da die Forderung höchstens zu diesem Anteil berechtigt ist, werde ich keinen höheren Einigungsbetrag akzeptieren. Mit Zahlung dieses Betrages wäre die Angelegenheit dann für beide Seiten vollständig abgeschlossen. Dieser Einigungsvorschlag beinhaltet keine weiteren Zinsberechnungen oder sonstige zusätzliche Gebühren oder Kosten. Ich bitte um eine Abbezahlung des Einigungsbetrags in Form einer Ratenzahlung.

Mit freundlichen Grüßen
(Ihr Name)
(Ort, Datum)

Ist das Inkassounternehmen zu absolut keiner Einigung bereit, und verlangt von Ihnen die Zahlung der Hauptforderung zusammen mit den eigentlich unberechtigten Inkassogebühren, so sollten auch Sie zunächst keinen weiteren Einigungsversuch unternehmen.

Das Inkassobüro wird dann weiterhin versuchen, von Ihnen eine Zahlung zu erhalten. Es ist möglich, dass Sie über Monate hinweg regelmäßige Mahnschreiben erhalten. Diese weiteren Inkassomahnungen entfalten keine neue rechtliche Wirksamkeit, sie dienen alleine dazu, Sie einem gewissen Zahlungsdruck auszusetzen.

Meist handelt es sich dabei um computergenerierte Mahnschreiben, das heißt, Ihre Adressdaten sind im System des Inkassodienstleisters hinterlegt und werden in festgelegten Abständen aufgerufen, um ein automatisch erstelltes Mahnschreiben auszudrucken und zu versenden. Dieses trägt nicht einmal mehr die Unterschrift, ein Mensch schaut in vielen Fällen überhaupt nicht darauf.

Es ist eigentlich nicht notwendig, jeder einzelnen dieser Mahnungen zu widersprechen, da Sie bereits einen Widerspruch geäußert haben. In rechtlicher Hinsicht reicht es aus, einer unberechtigten Forderung einmalig zu widersprechen.

Aus Erfahrung weiß ich, dass sich viele von unberechtigten Mahnungen bedrohte Personen sicherer fühlen, wenn sie den einzelnen Mahnungen jeweils einen weiteren Widerspruch entgegensetzen. Selbstverständlich können auch Sie den weiteren Mahnungen jeweils mit einem Widerspruch entgegnen.

Nutzen Sie für die folgenden Widersprüche lediglich den Versand per E-Mail, ein Einschreiben ist hierfür nicht notwendig, da es sich um eine bereits widersprochene Forderung handelt. Es wäre zu teuer, für jeden einzelnen Widerspruch immer wieder ein Einschreiben mit Rückschein zu versenden.

An
(Name des Inkassobüros)
(Straße, Hausnummer)
(Postleitzahl, Stadt)

Nur per E-Mail an: (E-Mail-Adresse des Inkassounternehmens)

Angelegenheit (Auftraggeber) ./. (Ihr Name)
Ihr Aktenzeichen: (Aktenzeichen des Inkassobüros)
Widerspruch gegen Ihre Forderung vom (Datum) über (Betrag)
Aufrechterhaltung des Widerspruchs

Sehr geehrte Damen und Herren,

hiermit erkläre ich Ihnen den Widerspruch gegen die von Ihnen zugeschickte Mahnung vom (Datum) über einen Betrag von (Betrag). Bereits mit Schreiben vom (Datum) habe ich Ihrer Forderung widersprochen. Dieser Widerspruch wird von mir aufrecht erhalten. Ich biete Ihnen nach wie vor an, die Angelegenheit im Rahmen einer gütlichen Einigung zu beenden.

Mit freundlichen Grüßen
(Ihr Name)
(Ort, Datum)

Mit diesem Musterbrief zeigen Sie dem Inkassounternehmen auf, dass Sie die Forderung für unberechtigt halten und nicht bezahlen werden. Gleichzeitig signalisieren Sie, dass Sie nach wie vor zu einer gütlichen Einigung bereit sind. Im Idealfall gibt der Inkassodienstleister nach einiger Zeit auf und stellt keine weiteren Forderungen an Sie.

Einige Inkassobüros sind jedoch besonders hartnäckig und arbeiten mit Rechtsanwaltskanzleien zusammen. Das Ziel ist es, größtmöglichen Zahlungsdruck auf Sie auszuüben. Bitte machen Sie sich keine Sorgen. Es handelt sich um ein Verfahren, das von zahlreichen Inkassodienstleistern standardisiert angewendet wird. Letztendlich bleibt es bei der selben bereits widersprochenen Forderung, die lediglich durch eine weitere neue Institution angemahnt wird. Setzen Sie dem Mahnschreiben einer Anwaltskanzlei mit obigem kurzen Musterbrief einen Widerspruch per E-Mail entgegen, um deutlich zu machen, dass es sich um eine bestrittene Forderung handelt. Geben Sie auch der Anwaltskanzlei einen Vorschlag zur gütlichen Einigung, um Ihre Vergleichsbereitschaft zu signalisieren.

Wurde der Mahnbescheid bereits von einer Rechtsanwaltskanzlei beantragt, so haben Sie den oben abgedruckten Musterbrief an diese Anwaltskanzlei geschickt. Dann kann es passieren, dass die Anwaltskanzlei die Forderung wieder zurück an ein Inkassobüro gibt. Erhalten Sie nach Widerspruch gegen eine Rechtsanwaltskanzlei ein neues Mahnschreiben von einem Inkassobüro, so entsteht durch diesen Vorgang keine neue Forderung. Es bleibt bei der alten, der Sie bereits widersprochen haben. Nutzen Sie einfach den oben abgedruckten kurzen Musterbrief, um per E-Mail den Widerspruch auch gegen das nun neu aufgetauchte Inkassobüro aufrecht zu erhalten. In Bezug auf dieses ist natürlich ein erneuter Einigungsvorschlag möglich.

Leider zelebrieren zahlreiche Inkassodienstleister dieses Spiel. Forderungen werden von der einen Institution zur anderen abgegeben, nur um immer wieder neue Mahnungen versenden zu können. Das Ziel liegt darin, bei Ihnen als vermeintlichem Schuldner größtmöglichen Zahlungsdruck und Verwirrung aufzubauen. Zudem nutzen manche Inkassounternehmen und Inkassokanzleien dieses Verfahren, um mit jedem neuen Brief weitere Gebühren auf die Forderung aufschlagen zu können. Bitte lassen Sie sich davon nicht beirren. Egal wer Ihnen Mahnungen schickt, handelt es sich um eine widersprochene Forderung, so bleibt dieser Widerspruch bestehen.

In manchen Fällen wendet sich das Inkassounternehmen mit einem Schreiben an Sie, in dem darauf hingewiesen wird, dass ein Widerspruch gegen den gerichtlichen Mahnbescheid eingelegt wurde. Im selben Schreiben bittet das Inkassobüro um eine Begründung, warum dem Mahnbescheid widersprochen wurde, und fordert Sie zur Rücknahme des Widerspruchs auf. Manchmal wird sogar ein Formular beigefügt, mit dessen Hilfe der Widerspruch beim Mahngericht zurückgenommen werden soll.

Das Inkassobüro verhält sich damit so, als ob es nie von Ihrem bereits zuvor eingelegten Widerspruch erfahren hat. Da es Sie zur Begründung auffordert, warum Sie einen Widerspruch gegen den Mahnbescheid eingelegt haben, vermittelt es den Eindruck, als ob kein Widerspruch besteht. Bitte lassen Sie sich dadurch nicht irritieren, natürlich bleibt Ihr bereits eingelegter Widerspruch bestehen.

Der Grund, warum das Inkassobüro Sie zur Rücknahme des Widerspruchs gegenüber dem Amtsgericht auffordert ist der, dass durch die Rücknahme des Widerspruchs der ursprüngliche Mahnbescheid seine Rechtskraft entfalten kann. Das bedeutet, der Mahnbescheid würde so behandelt, als ob nie ein Widerspruch eingelegt worden ist. Damit würde das Inkassounternehmen die Möglichkeit erhalten, einen Vollstreckungsbescheid zu beantragen. Mit diesem Vollstreckungsbescheid kann es dann 30 Jahre lang Zahlungen von Ihnen verlangen oder sogar einen Gerichtsvollzieher beauftragen und in Ihr Vermögen vollstrecken. Verständlich, dass das Inkassobüro diese einfache Möglichkeit sucht, um doch noch eine Zahlung zu erlangen.

Bitte leisten Sie dieser Aufforderung in keinem Fall Folge. Natürlich kennt das Inkassounternehmen bereits den Grund für Ihren Widerspruch, es verwendet lediglich ein Standardschreiben um Sie erneut zu verunsichern und Sie für eine Rücknahme des Widerspruchs zu überzeugen. Bleiben Sie konsequent bei Ihrem Widerspruch und machen weiterhin einen Vorschlag zur gütlichen Einigung. Spätestens nach einer Weile wird die Gegenseite darauf eingehen.

Haben Sie die gesamte Prozedur des mehrfachen Widerspruchs sowohl gegen den Mahnbescheid als auch gegen die Inkassomahnung überstanden, so wird das Inkassobüro nach mehreren Monaten des Mahnens die Forderung möglicherweise intern stornieren und die Angelegenheit aufgeben. Das ist vor allem dann der Fall, wenn es sich um kleinere Forderungsbeträge handelt, oder wenn das Inkassobüro Ihren Widerspruch rechtlich überprüft hat und feststellt, dass dieser tatsächlich berechtigt ist.

Handelt es sich um einen größeren Geldbetrag, und vermutet das Inkassounternehmen, dass die Forderung zu Recht besteht, so kann es zu einem gerichtlichen Klageverfahren kommen. Bitte heben Sie für diesen Fall sämtliche Unterlagen fünf Jahre lang in einem Ordner sicher verwahrt auf, so dass Sie im Fall der Fälle auf diese zurückgreifen können.

Bei einem gut begründeten Widerspruch ist die Gefahr eines gerichtlichen Klageverfahrens aber als sehr gering einzuschätzen, bitte machen Sie sich deswegen keine allzu großen Sorgen. Konnten Sie mit der Gegenseite eine gütliche Einigung erzielen, so droht überhaupt keine Klage, die Angelegenheit ist nach Zahlung des Einigungsbetrags vollständig aus der Welt. Selbst wenn es zu einem gerichtlichen Klageverfahren käme, wäre spätestens dann noch immer eine gütliche Einigung möglich. Die meisten Richter halten die Parteien an, einen Vergleich zu finden, um die Sache zu einem für beide Seiten zufriedenstellenden Ergebnis zu führen.

9 Wichtige Hinweise zu Inkassomahnungen

9.1 Was macht ein Inkassobüro?

Ein Inkassodienstleister ist ein Unternehmen, das sich darauf spezialisiert hat, offene Forderungen von anderen Firmen aufzukaufen und im eigenen Namen vom Schuldner einzuverlangen. Inzwischen werden offene Forderungen größerer Unternehmen geschäftsmäßig und automatisiert an Inkassounternehmen verkauft. Ab diesem Moment fordert nicht mehr das Unternehmen die Zahlung, sondern das Inkassobüro.

Es würde sich gerade bei eher kleinen Streitwerten nicht rentieren, jeden einzelnen offenen Betrag sofort vom Kunden per Gericht einzuklagen. Der einfachere Weg ist daher der, die Forderung an ein Inkassounternehmen zu verkaufen. Das heißt, die Unternehmen geben die Forderung komplett an den Inkassodienstleister ab, erhalten dafür einen bestimmten Geldbetrag (meist ein Prozentsatz der abgetretenen Summe), und haben ab diesem Moment mit der Angelegenheit nichts mehr zu tun.

Das Inkassobüro muss ab dem Zeitpunkt des Forderungsankaufs auf eigenen Gewinn wirtschaften, da das Inkassounternehmen bereits Geld für den Forderungsankauf ausgegeben hat. Es versucht nun, über das Eintreiben der Forderung diesen Betrag wieder einzuholen und darüber hinaus einen Gewinn zu erwirtschaften. Eventuelle Zahlungen würden nicht mehr an das ursprüngliche Unternehmen gehen, sondern nur noch an das Inkassobüro. Die ursprüngliche Firma hat mit Abgabe der Forderung an ein Inkassobüro in den meisten Fällen nichts mehr mit der Angelegenheit zu tun.

Weitere Schreiben direkt an das bisherige Unternehmen wären ergebnislos, da diese nur an das Inkassounternehmen übergeben werden würden. Ebenso würden Zahlungen, die Sie an das ursprüngliche Unternehmen leisten, an den Inkassodienstleister weitergeleitet.

Hat ein Unternehmen beispielsweise eine Forderung in Höhe von 30 Euro gegen seinen Kunden offen, und zahlt der Kunde dauerhaft nicht, so gibt das Unternehmen irgendwann auf. Es verkauft diese Forderung über 30 Euro für einen Kaufpreis von beispielsweise 20 Prozent, also 6 Euro, an einen Inkassodienstleister. Dieses Inkassobüro hat damit 6 Euro ausgegeben, kann aber nach wie vor die gesamte Forderung von 30 Euro vom Kunden zur Zahlung einverlangen. Damit würde das Inkassobüro einen Gewinn von 24 Euro machen.

Da das Inkassounternehmen jedoch darauf aus ist, höchstmögliche Einnahmen zu erzielen, schlägt es auf die Forderung von 30 Euro noch zusätzliche Gebühren hinzu. So werden z.B. Zinsen, Inkassogebühren, Mahngebühren, Ermittlungskosten etc. zur Hauptforderung hinzugerechnet, so dass am Ende ein doppelt so hoher Betrag entstehen kann, als er gegenüber dem ursprünglichen Unternehmen geschuldet war.

9.2 Erfährt das Inkassobüro von meinem bereits geäußerten Widerspruch?

Leider ist es oftmals so, dass das Unternehmen, welches die Forderung an den Inkassodienstleister abgibt, nur den reinen Forderungsbetrag übermittelt. Es werden maximal einige zusätzliche Angaben wie beispielsweise das ursprüngliche Vertragsverhältnis, die Kundennummer, Datum der Fälligkeit etc. gemacht.

Ich kenne Fälle, in denen das automatisiert geschieht, so dass bei ausbleibendem Zahlungseingang das Computersystem des Unternehmens die offene Forderung automatisch an den Inkassodienstleister übermittelt, der diese dann in seinem Computersystem in Empfang nimmt. Hierfür werden vorab die entsprechenden Rahmenverträge und -bedingungen ausgehandelt, so dass der gesamte Vorgang am Ende weitgehend ohne menschlichen Eingriff stattfinden kann.

Vor allem größere Unternehmen handhaben das meiner Kenntnis nach so. Kundenfreundlich ist das nicht. Es besteht immer die Gefahr, dass der mit dem Kunden geführte Schriftwechsel buchstäblich auf der Strecke bleibt. Erhält das Inkassobüro lediglich die Rahmendaten der Forderung, weiß es über deren Entstehung und geäußerte Widersprüche nichts.

In meiner Tätigkeit als Rechtsanwalt muss ich immer wieder mit großem Erstaunen feststellen, dass so manches Inkassobüro überrascht ist, wenn ihm mitgeteilt wird, dass es sich um eine widersprochene Forderung handelt, und mit dem vorherigen Unternehmen bereits umfangreicher Schriftwechsel geführt wurde. Von daher ist es unbedingt notwendig, und von großer Wichtigkeit, dem Inkassobüro gegenüber noch einmal einen Widerspruch zu äußern.

9.3 Darf eine widersprochene Forderung an ein Inkassobüro verkauft werden?

Grundsätzlich sollte ein Unternehmen, dessen Kunde einer Forderung widersprochen hat, zusammen mit diesem eine einvernehmliche Lösung finden. Stattdessen werden unbezahlte Forderungen mit den immer gleichen Standardschreiben angemahnt und schließlich an den Inkassodienstleister abgegeben. Kundenfreundliches Verhalten sieht anders aus, rechtlich zulässig ist es aber. Jeder Inhaber einer Forderung darf diese an ein anderes Unternehmen oder eine andere Person verkaufen, wenn die rechtlichen Rahmenbedingungen eingehalten werden.

9.4 Darf das Inkassobüro widersprochene Forderungen annehmen?

Viele Inkassounternehmen schreiben in ihre Geschäftsbedingungen den Grundsatz, dass nur berechtigte und unbestrittene, also nicht-widersprochene Forderungen, angenommen werden. Leider halten sich daran die wenigsten Inkassodienstleister. Alle Forderungen werden aufgekauft, egal ob rechtmäßig oder unrechtmäßig, egal ob bestritten oder unbestritten. Sicherlich hängt dies damit zusammen, dass das Inkassounternehmen einen größtmöglichen Gewinn erzielen möchte, und daher auf den Ankauf jeder einzelnen Forderung angewiesen ist. In vielen Fällen erfährt das Inkassobüro überhaupt nicht davon, dass es sich um eine unrechtmäßige und widersprochene Forderung handelt. Wie oben bereits erwähnt, finden zahlreiche Forderungsverkäufe inzwischen vollautomatisiert ab. Eine einzelne Sachverhaltsüberprüfung bleibt auf der Strecke.

9.5 Kann ich dem Inkassobüro eine gütliche Einigung vorschlagen?

Ich erlebe es immer wieder, dass Inkassounternehmen durchaus zu einer gütlichen Einigung bereit sind. Teilweise kann der Forderungsbetrag durch eine solche Einigung erheblich reduziert werden, manchmal auf bis zu zehn Prozent der ursprünglichen Summe.

Wie bereits dargestellt, kommt es vor, dass das Inkassobüro die Forderung aufgekauft hat, ohne zu wissen ob diese berechtigt oder unberechtigt ist. Der Inkassodienstleister hofft, durch das Eintreiben der Forderung einen größtmöglichen Gewinn zu erzielen. Geht nun ein vermeintlicher Schuldner in Widerspruch und begründet diesen ausführlich, so erkennt das Inkassobüro, dass es von diesem Schuldner vermutlich keine Zahlung erlangen wird. Der Forderungsankauf wäre ein Verlustgeschäft.

Handelt es sich um einen eher kleinen Geldbetrag, so würde sich selbst ein gerichtliches Klageverfahren nicht rentieren. Das Inkassobüro muss im schlimmsten Fall damit rechnen, aufgrund des sich wehrenden Schuldners überhaupt keine Zahlungen zu erhalten.

In einem solchen Fall erscheint es für das Inkassounternehmen als das kleinere Übel, im Rahmen einer gütlichen Einigung wenigstens etwas Geld zu erhalten, und damit zumindest die Kosten für den Forderungseinkauf wieder hereinzuholen.

Ziehen wir das bereits oben erwähnte Beispiel noch einmal heran: Hat das Inkassobüro eine Forderung im Wert von 30 Euro für 6 Euro aufgekauft, so wird es vom vermeintlichen Schuldner vermutlich inklusive Gebühren und Zinsen einen Gesamtbetrag von ca. 50 Euro verlangen. Schlägt der Schuldner eine gütliche Einigung über 20 Prozent des Gesamtforderungsbetrags vor, so würde das einem Betrag von zehn Euro entsprechen. Das Inkassounternehmen erklärt sich einverstanden, da sogar dieser Teilbetrag von 20 Prozent über dem Betrag liegt, den es für den Ankauf der Forderung bezahlen musste. Bevor es überhaupt keinen Zahlungseingang verbuchen kann, greift das Inkassobüro lieber zu diesen zehn Euro.

Erklärt sich der Inkassodienstleister mit der gütlichen Einigung einverstanden, so ist die Angelegenheit vollständig beendet. Der vermeintliche Schuldner muss keine weiteren Mahnungen oder ein evtl. drohendes Gerichtsverfahren fürchten. Von daher kann es sich für den Schuldner lohnen, eine Einigung vorzuschlagen, da zwar ein gewisser Betrag entrichtet werden muss, die Angelegenheit dafür friedlich beendet wurde.

9.6 Darf das Inkassobüro einen Gerichtsvollzieher beauftragen?

Bitte machen Sie sich deswegen keine Sorgen, diese Gefahr besteht nicht. Die Beauftragung eines Gerichtsvollziehers, der Antrag auf Lohn- und Gehaltspfändung oder die Pfändung eines Bankkontos ist erst dann möglich, wenn gegen Sie ein rechtskräftiger „Titel" vorliegt. Das heißt, entweder müsste ein Gerichtsurteil gegen Sie ergangen sein, oder es muss Ihnen ein Mahnbescheid und anschließend ein Vollstreckungsbescheid zugegangen sein, ohne dass Sie Widerspruch eingelegt haben. Alleine durch die Beauftragung eines Inkassounternehmens liegt ein solcher Titel nicht vor. Dennoch drohen viele Inkassodienstleister derartige Konsequenzen an, um den vermeintlichen Schuldner zur schnellen Zahlung zu bewegen. Bitte lassen Sie sich davon nicht täuschen.

9.7 Darf ein Inkassounternehmen einen Schufa-Negativeintrag veranlassen?

Ein Inkassodienstleister darf, stellvertretend für das ursprüngliche Unternehmen, einen Negativeintrag in Ihrem Schufa-Datenbestand hinterlassen. Allerdings nur dann, wenn das Inkassobüro Vertragspartner der Schufa ist, und wenn es sich nicht um eine widersprochene Forderung handelt. Zudem muss es Sie mindestens zweimalig im Abstand von vier Wochen gemahnt haben, unter Hinweis auf einen bevorstehenden Schufa-Eintrag. Ist das nicht geschehen, so ist ein dennoch ergangener Schufa-Negativeintrag rechtswidrig und muss wieder gelöscht werden.

10 Informationen zur Schufa

10.1 Was macht die Schufa?

Die Schufa ist ein privates Unternehmen das die ihr zur Verfügung gestellten Daten von Privatpersonen sammelt und anderen Unternehmen zur Verfügung stellt. Sie erhält dabei nur von denjenigen Unternehmen Daten, die zuvor einen Vertrag mit der Schufa geschlossen haben. Nicht jedes Unternehmen in Deutschland arbeitet automatisch mit der Schufa zusammen, und die Schufa erhält nicht von jedem Unternehmen automatisch Auskunft über alle Daten der Kunden.

Die Unternehmen, die Daten von der Schufa erhalten, müssen das zuvor per Vertrag mit der Schufa geregelt haben. So manch ein dubioses Unternehmen, das seinem Kunden vorschnell mit einem Schufa-Eintrag droht, hat in Wahrheit gar keinen Vertrag mit der Schufa abgeschlossen und kann keinen Eintrag in das Schufa-Verzeichnis veranlassen.

Sinn und Zweck des ganzen ist der, dass mit Hilfe der Schufa jedes Unternehmen eine gewisse Sicherheit in der vertraglichen Zusammenarbeit mit dem Kunden erhält. Zu bedenken ist, dass ein neuer Kunde für ein Unternehmen zunächst einmal ein unbeschriebenes Blatt ist. Es kennt ihn nicht und es kennt seine Vorgeschichte nicht, vor allem weiß es wenig über seine Zahlungsmoral. Soll es diesem Unbekannten Geld leihen, ein Konto eröffnen, einen Flachbildfernseher finanzieren oder ihm einen Handyvertrag zur Verfügung stellen?

Da dies ein gewisses Wagnis ist, freut sich jedes Unternehmen, wenn jemand anderes ihm diesen neuen unbekannten Kunden ein wenig näher beschreibt. Genau das ist die Aufgabe der Schufa. Sie versorgt die Unternehmen in Deutschland mit Informationen über unbekannte Kunden und erleichtert somit das Zustandekommen von Verträgen. Ähnlich verhält es sich mit den anderen großen Auskunfteien in Deutschland.

Die Schufa selbst sammelt keine Daten, sie speichert nur diejenigen Daten ab, die ihr von den Unternehmen, die Vertragspartner der Schufa sind, zur Verfügung gestellt werden. Selbst wird die Schufa nicht aktiv.

Aufgrund der an die Schufa übermittelten Daten werden im jeweiligen Datenbestand einer Person positive oder negative Einträge veranlasst. Positive Schufa-Einträge sind alle Ihre persönlichen und finanziellen Rahmendaten, also Ihr Name, Ihre Anschrift, Ihre Bankkonten, Ihre Leasingverträge, Ihre Handyverträge etc. Grob gesagt, alle Daten die für die Schufa relevant erscheinen, bei denen aber bislang keine Probleme aufgetreten sind. Die negativen Schufa-Einträge sind die Daten, bei denen es Probleme mit Ihrem Zahlungsverhalten gab. Immer dann, wenn Sie einer Zahlungsverpflichtung unregelmäßig oder gar nicht nachkommen, kann ein negativer Schufa-Eintrag entstehen.

10.2 Wann kommt es zu einem negativen Schufa-Eintrag?

Zu einem negativen Schufa-Eintrag kommt es in der Regel dann, wenn Sie Ihren vertraglich festgelegten Zahlungsverpflichtungen nicht nachkommen.

Allerdings darf in so einem Fall nicht sofort ein Schufa-Eintrag erfolgen. Zunächst müssen Sie zwei Mahnungen erhalten, und zwischen diesen müssen mindestens vier Wochen liegen. Wichtig ist zu wissen, dass die beiden Mahnungen sehr konkret formuliert sein sollten, sowie auf den drohenden Schufa-Eintrag hinweisen und eine Fristsetzung enthalten müssen.

Da auch eine unberechtigte Forderung in das Schufa-Verzeichnis eingetragen werden kann, wenn dagegen kein Widerspruch eingelegt wurde, sollten Sie eine ungerechtfertigte Forderung auf jeden Fall bestreiten, das heißt, schriftlich per E-Mail mit Empfangsbestätigung, per Einschreiben mit Rückschein, oder per Fax mit Sendeberichtsbestätigung einen Widerspruch einlegen.

Ansonsten darf die Eintragung eines negativen Schufa-Eintrags dann erfolgen, wenn die offene Rechnung rechtskräftig festgestellt ist. Das heißt, wenn entweder ein gerichtliches Urteil über die Forderung ausgesprochen wurde, die Rechtsmittelfrist abgelaufen ist (die Rechtsmittelfrist ist der Zeitraum, in dem gegen das Urteil ein Rechtsmittel eingelegt werden darf, also Berufung oder Revision), und dennoch die Forderung vom Beklagten nicht bezahlt wird. Oder wenn ein gerichtlicher Mahnbescheid und ein gerichtlicher Vollstreckungsbescheid ergingen, und weder Widerspruch noch Einspruch dagegen eingelegt wurden.

10.3 Musterbrief, um einen versehentlichen Schufa-Eintrag löschen zu lassen

Sollte es bei Ihnen zu einem unberechtigten Eintrag gekommen sein, so nutzen Sie den folgenden Musterbrief, um diesen wieder löschen zu lassen:

Absender:
(Vorname, Name)
(Straße, Hausnummer)
(Postleitzahl, Stadt)

An die
Schufa Holding AG
Kormoranweg 5
65201 Wiesbaden

Vorab per Fax an: 0611 - 92 78 109
Vorab als PDF per E-Mail an: meineschufa@schufa.de und an dokumente@schufa.de
Per Einschreiben mit Rückschein

Schufa-Kundennummer: (Ihre Schufa-Kundennummer)
Bitte um Löschung Negativeintrag

Sehr geehrte Damen und Herren,
Laut der aktuellen Schufa-Auskunft wird ein Eintrag bei Ihnen geführt, der unberechtigt und damit rechtswidrig ist:
Eintrag von: (Name des eintragenden Unternehmens)
Kontonummer: (Kontonummer des Schufa-Eintrags)
Gemeldeter Forderungsbetrag: (Eingetragener Betrag)
Datum des Ereignisses: (Datum des Eintrags)
Hierbei handelt es sich um eine unberechtigte Forderung, gegen die ich bereits Widerspruch eingelegt habe. Ich füge Ihnen mein Widerspruchsschreiben vom (Datum) anbei, als auch den gesamten weiteren Schriftverkehr. Gegen einen von der Gegenseite beantragten gerichtlichen Mahnbescheid habe ich ebenfalls Widerspruch eingelegt. Ich bitte Sie, zeitnah eine Löschung vorzunehmen. Haben Sie für Ihre Bemühungen vielen Dank.

Mit freundlichen Grüßen
(Ihre Unterschrift)
(Ort, Datum)

11 Rechtliche Informationen und Hinweise

11.1 Wie lange soll ich meine Unterlagen aufbewahren?

Ich möchte Sie bitten, sämtliche Unterlagen eines Rechtstreits nach Datum sortiert in einem extra Ordner abzuheften und dort fünf Jahre aufzubewahren. Das klingt nach einem langen Zeitraum, hängt aber unmittelbar mit den gesetzlichen Verjährungsvorschriften des BGB zusammen. Die allgemeine Verjährungsfrist beträgt drei Jahre und beginnt mit dem 01. Januar des auf die Entstehung der Forderung folgenden Jahres. Datiert die Ihnen vorgelegte Rechnung beispielsweise auf den 15.10.2014, so beginnt die Verjährung am 01.01.2015 und endet am 31.12.2017. Durch weitere Maßnahmen, wie z.B. den Erlass des in diesem Buch besprochenen gerichtlichen Mahnbescheids, kann die Verjährungsfrist zudem für einige Monate gehemmt werden.

Datiert die ursprüngliche Rechnung nun auf den Januar eines Jahres, so vergeht knapp ein ganzes Jahr, bis die Verjährung überhaupt anläuft. Anschließend vergehen drei weitere Jahre, in der die Verjährungsfrist regulär abläuft, so dass der Zeitraum schon beinahe vier Jahre beträgt. Liegen weitere verjährungshemmende Ereignisse vor, können selbst diese vier Jahre überschritten werden. Aus diesem Grund empfehle ich, um ganz sicher zu gehen, eine Aufbewahrungsdauer von fünf Jahren.

11.2 Wie versende ich einen Forderungswiderspruch korrekt?

Das entscheidende an Ihrem Widerspruch muss sein, dass dieser die Gegenseite tatsächlich erreicht, und Sie diesen Zugang später nachweisen können. Hierzu gibt es mehrere Möglichkeiten:

Normaler Brief: Vom Versand Ihres Widerspruchs per einfacher Post rate ich ab. Normale Briefe, die nicht per Einschreiben verschickt sind, werden von manchen Unternehmen einfach ignoriert. Der Versender hat später keine Möglichkeit, den Zugang des Briefs beim Empfänger nachzuweisen.

Einschreiben: Bei einem Einschreiben übergibt der Postbote den Brief direkt an den angeschriebenen Empfänger bzw. an einen Mitarbeiter des Unternehmens. Diese Person muss dem Briefträger per Unterschrift bestätigen, dass sie das Schreiben erhalten hat. Erst nach Erhalt der Unterschrift darf der Postbote den Brief übergeben. Der Nachteil bei einem Einschreiben ist der, dass man selbst keine Rückbestätigung direkt vom Empfänger erhält, die den Zugang bestätigt. Die angeschriebene Firma könnte daher behaupten, dass sie nie einen Brief von Ihnen erhalten hat, da der Postbote möglicherweise den Brief an eine andere Person oder bei einem anderen Unternehmen abgab. Dieses Argument ist unrealistisch, da der Briefträger sein Einzugsgebiet kennen sollte. Vor allem Unternehmen, die regelmäßig Post erhalten, wird der Postbote nicht verwechseln. Dennoch bleibt eine Restunsicherheit.

Einschreiben mit Rückschein: Eine der sichersten Methoden ist die, einen schriftlichen Forderungswiderspruch per Einschreiben mit Rückschein zu versenden. Hierbei erhält das Unternehmen neben Ihrem Brief eine kleine rosa Postkarte, die es unterschreiben muss. Die Post vermerkt auf dieser Rückscheins-Postkarte das Datum, an dem der Brief das Unternehmen erreicht hat. Anschließend geht die Postkarte mit Datumsvermerk und Unterschrift an Sie zurück.

Damit erhalten Sie einen Nachweis, der besagt, dass Ihr Widerspruch tatsächlich bei der Gegenseite angekommen ist. Diesen Rückschein heften Sie an die Kopie Ihres Widerspruchsschreibens, so dass dieser nicht verloren geht und dem konkreten Schreiben zugeordnet werden kann. Sollte später der Gegner verneinen, jemals einen Forderungswiderspruch erhalten zu haben, so können Sie ihm eine Kopie des Rückscheins zusenden, und damit Ihren Widerspruchsversand nachweisen.

Eine Restunsicherheit in Bezug auf den Versand per Einschreiben-Rückschein bleibt: Die Gegenseite könnte behaupten, dass in dem erhaltenen Briefkuvert überhaupt kein Brief oder ein gänzlich anderer Brief war. Sie können per Einschreiben lediglich beweisen, dass Sie irgend einen Brief an den Gegner geschickt haben, nicht aber dessen Inhalt.

Um dieses Problem zu umgehen, können Sie einen Zeugen hinzuziehen, während Sie Ihr Widerspruchsschreiben in das Briefkuvert stecken. Der Zeuge kann später bestätigen, dass Sie tatsächlich den Rechnungswiderspruch abgeschickt haben, und nicht ein leeres Kuvert oder einen anderen Brief. Haben Sie keine andere Person in der Nähe, die den Versand des Einschreibens bezeugen kann, so könnten Sie zumindest ein Foto oder Video mit Ihrer Digitalkamera oder der Handykamera machen, das das Widerspruchsschreiben neben dem bereits adressierten Briefkuvert zeigt. Damit wird deutlich gemacht, dass Sie mit großer Wahrscheinlichkeit tatsächlich den auf dem Foto sichtbaren Brief anschließend in das Kuvert gesteckt haben.

Einwurf-Einschreiben: Besitzt die Gegenseite keine reale Adresse, sondern nur ein Postfach, so bietet sich das Einwurf-Einschreiben an. Hierbei legt der Postbote Ihren Brief in das Postfach und bestätigt dies mit seiner Unterschrift. Sie erhalten damit den Nachweis, dass Ihr Schreiben tatsächlich in den Briefkasten des Empfängers gelangt ist. Der Nachteil daran ist der, dass die Gegenseite behaupten könnte, dass sie nie ein Schreiben erhalten hat, weil der Postbote den Brief möglicherweise in einen falschen Briefkasten oder ein falsches Postfach gelegt hat. Meines Erachtens ist das jedoch ein unrealistisches Argument, da der Postbote im Regelfall seinen Zustellbezirk und die Briefkästen bzw. Postfächer gut kennt. Gerade ein Unternehmen erhält regelmäßig Post, so dass der Briefträger weiß, was er tut. Unabhängig davon haben Sie keine andere Wahl, wenn die Firma lediglich eine Postfachadresse hat. Sie können nicht einmal ein normales Einschreiben verwenden, da keine Person da ist, die den Erhalt des Einschreibens per Unterschrift quittiert. Für einen ordnungsgemäßen Zugangsnachweis müssen Sie daher das Einwurf-Einschreiben verwenden.

Fax mit Sendeberichtsbestätigung: Versenden Sie einen Forderungswiderspruch per Fax, so stellt Ihnen das Faxgerät nach erfolgreichem Versand eine Sendeberichtsbestätigung aus. Diese zeigt an, dass Sie das Fax erfolgreich verschickt haben, das Datum, die Uhrzeit und die Empfängerrufnummer. Diesen Sendebericht heben Sie bitte gut auf und heften ihn an die Kopie Ihres Widerspruchsschreibens.

Der Nachteil an einem Faxversand ist der, dass Sie nicht wissen können, ob das Fax tatsächlich bei der Gegenseite angekommen ist. Hatte das Faxgerät des Empfängers beispielsweise einen Papierstau oder eine sonstige Fehlfunktion, so erhalten Sie zwar das „ok" auf Ihrem Sendebericht, das Fax ist in Wirklichkeit aber unlesbar beim Unternehmen eingegangen. Daher bietet der Faxversand eine hohe Wahrscheinlichkeit, dass die andere Seite Ihren Rechnungswiderspruch erhalten hat, aber keinen letztendlichen Beweis. Vorbeugend könnten Sie Ihr Schreiben zweimalig per Fax im Abstand von 30 Minuten versenden, oder sogar im Abstand von einem Tag. Damit liegen Ihnen zwei Sendeberichtsbestätigungen vor, und es wäre unrealistisch, dass das Faxgerät der Gegenseite an beiden Tagen eine Fehlfunktion hatte.

Versand als PDF im E-Mail-Anhang: Ihr Widerspruch kann von Ihnen inkl. Unterschrift als PDF eingescannt und dann als E-Mail-Anhang an die Gegenseite geschickt werden. Ein E-Mail-Versand ist mit dem normalen Postversand vergleichbar, da er keinen Nachweis des Zugangs bietet. Es besteht immer die Gefahr, dass die E-Mail aufgrund von technischen Problemen nicht oder sehr spät ihr Ziel erreicht, außerdem kann diese im Spam-Filter des Unternehmens landen. Allerdings spricht eine hohe Wahrscheinlichkeit dafür, dass Ihre E-Mail mit dem Forderungswiderspruch das Ziel erreicht.

Um später belegen zu können, dass Sie die Mail tatsächlich verschickt haben, und diese das Ziel erreicht hat, empfehle ich Ihnen die folgenden Maßnahmen: Setzen Sie in Kopie, also in „CC", einen Freund/Bekannten als weiteren Empfänger, und sich selbst, wenn Sie eine zweite E-Mail-Adresse führen. Diese Nachweise durch Zeugenaussage und E-Mail-Empfangs-Ausdruck können später helfen, den Zugang des Rechnungswiderspruchs zu belegen.

Nutzen Sie für Ihre E-Mail eine Betreffzeile, die nur wenige unproblematische normale Wörter enthält, damit die Mail nicht im Spam-Filter landet. Beispielsweise können Sie als Betreff „Widerspruch", „Widerspruch Forderung" oder „Widerspruch Mahnung" verwenden.

Schließlich sollten Sie die E-Mail mehrmals versenden, beispielsweise dreimalig im Abstand von jeweils zehn Minuten und unterschiedlichen Betreffzeilen. Damit liegt die Wahrscheinlichkeit, dass Ihr Rechnungswiderspruch den Empfänger erreicht, sehr hoch.

Persönliche Übergabe: Die effektivste Möglichkeit, einen Forderungswiderspruch zuzustellen, ist die persönliche Übergabe. Befindet sich in Ihrer Stadt zufällig der Firmensitz oder zumindest eine Filiale des Unternehmens, so können Sie den Widerspruch direkt dort abgeben. Fertigen Sie hierzu eine Kopie von Ihrem Schreiben an. Das Original geben Sie ab und lassen sich auf Ihrer Kopie mit Unterschrift, Datum, Stempel und dem Vermerk „Schreiben erhalten" die Übergabe bestätigen.

Damit steht nachweislich fest, dass Sie den Forderungswiderspruch tatsächlich abgegeben haben. Wenn Sie zu der Übergabe noch einen Zeugen mitnehmen, so erhalten Sie eine weitere Nachweismöglichkeit für den Zugang. Bei einer persönlichen Übergabe könnte alleine das Argument, dass Unterschrift und Stempel gefälscht wurden, entgegen gehalten werden. Dieser Einwand kommt zwar selten vor, ein Zeuge kann dann jedoch bestätigen, dass der Brief wirklich abgegeben wurde.

Welche Versandmethode ist die beste?

Meine Empfehlung lautet, eine Kombination von verschiedenen Versandmethoden anzuwenden. Damit gehen Sie den sichersten Weg. Wenn Sie den Forderungswiderspruch auf drei Wegen gleichzeitig verschicken, kann später kaum jemand behaupten, den Brief nie erhalten zu haben.

Machen Sie es daher so: Scannen Sie Ihr Schreiben ein und versenden dieses als PDF im E-Mail-Anhang an die Gegenseite. Anschließend verschicken Sie den Brief als Fax, und schließlich per Einschreiben mit Rückschein.

Viele Ladengeschäfte oder Internetcafes bieten den Faxversand für 50 Cent oder einen Euro an, sollten Sie nicht selbst über ein Faxgerät verfügen. Inzwischen gibt es auch online die Möglichkeit, Faxe über das Internet kostenlos oder für wenige Cent zu versenden.

Erhalten Sie bereits im Anschluss an den E-Mail-Versand eine E-Mail-Eingangsbestätigung, so würde diese schon ausreichen, um den Zugang Ihres Schreibens nachzuweisen. Aus Gründen der Sicherheit können Sie aber dennoch ein Fax folgen lassen. Ein Einschreiben ist dann nicht mehr notwendig, da Sie sowohl die Eingangsbestätigung der E-Mail haben, als auch die Sendeberichtsbestätigung vom Fax.

Erteilt die Gegenseite keine Eingangsbestätigung für Ihre E-Mail, so müssen Sie als zweiten Schritt den Faxversand wählen, und auf den Erhalt des Sendeberichts achten. Gibt die Gegenseite keine Faxnummer an, so bleibt Ihnen nur noch das Einschreiben mit Rückschein. Ist nur eine Postfachadresse vorhanden, so verwenden Sie das Einwurf-Einschreiben.

Ist der erste Widerspruch auf diese Weise verschickt, und besitzen Sie eine Bestätigung über den Zugang (E-Mail-Eingangsbestätigung, Fax-Sendebericht oder Einschreiben), so haben Sie das wichtigste getan. Für weitere Schreiben reicht dann sogar eine E-Mail aus. Sie müssen nicht jedes einzelne Schreiben dreifach versenden, es kommt immer nur darauf an, dass Sie den ersten Widerspruch derartig auf den Weg bringen. Damit ist der Widerspruch zweifelsfrei nachweisbar, und ein einziger Widerspruch reicht aus, um eine Forderung rechtssicher zu bestreiten.

Warum ist ein Widerspruch so wichtig?

Durch den Widerspruch geben Sie bekannt, dass die Forderung unberechtigt ist und Sie diese nicht bezahlen werden. Verweigern Sie die Zahlung, ohne einen schriftlichen Widerspruch einzulegen, kann das Unternehmen nicht erkennen, warum Sie nicht bezahlen.

Zudem sorgt der Widerspruch dafür, dass es sich um eine „bestrittene Rechnung" handelt. Bestrittene Forderungen werden normalerweise nicht an einen Inkassodienstleister weitergegeben, da viele Inkassounternehmen laut ihren eigenen Geschäftsbedingungen nur unbestrittene Forderungen annehmen dürfen. Leider beobachte ich es immer wieder, dass sich einige Unternehmen und Inkassobüros nicht an diesen Grundsatz halten und selbst für bestrittene Rechnungen Inkassomahnungen versenden.

Wichtig ist außerdem, dass eine bestrittene Forderung nicht an die Schufa oder an andere Auskunfteien gemeldet werden darf. Können Sie den schriftlichen Widerspruch später beweisen, so löscht die Schufa eine bereits eingetragene Forderung wieder.

Warum reicht ein mündlicher Widerspruch nicht aus?

Der Nachteil an mündlichen bzw. telefonischen Widersprüchen ist der, dass Sie keinen Beweis darüber haben. In vielen Fällen müssen Sie zu einem späteren Zeitpunkt nachweisen, dass Sie der Rechnung widersprochen haben. Wurde Ihr Widerspruch lediglich telefonisch oder im Rahmen eines Gesprächs eingelegt, so müssten Sie Ihre Unterredung oder das Telefonat mit Hilfe eines Zeugen beweisen, der evtl. bei dem Gespräch anwesend war. Oft hat man keinen Zeugen, und Telefonate, die durch einen Zeugen bestätigt werden, werden von Gerichten nicht immer als Beweis anerkannt. Ein Nachweis des mündlichen Widerspruchs gegen die Rechnung kann daher schwierig sein.

Besonders Anrufe bei der telefonischen Hotline eines Unternehmens stellen keinen wirksamen Widerspruch dar. Zwar erhält der Kunde zu Beginn des Gesprächs den Hinweis, dass das Telefonat aufgezeichnet wird, diese Aufzeichnung liegt später aber nur der Firma vor, nicht dem Kunden. Damit kann der Kunde die Telefonaufzeichnung nicht für sich als Beweis des Widerspruchs verwenden.

Außerdem sind die Ansprechpartner am anderen Ende der Hotline meist lediglich Mitarbeiter eines Call-Centers. Das heißt, der Kunde gelangt mit seinem Anruf nicht in das Unternehmen direkt hinein, zu einem evtl. für sein Anliegen zuständigen Mitarbeiter, sondern nur zu einem Call-Center-Angestellten. Diese teilen dem Kunden mit, dass die Rechnungsreklamation registriert sei, geben dem Anrufer hierzu aber keinen schriftlichen Nachweis. So hat der Kunde der unberechtigten Forderung widersprochen, kann den Widerspruch aber nicht beweisen.

Kommt es später zu einem Rechtsstreit, wird der Call-Center-Mitarbeiter eher zugunsten seines Auftraggebers aussagen, nicht zugunsten des Kunden. Das bedeutet, dass im Zweifel der Hotline-Mitarbeiter sagen wird, dass kein Widerspruch gegen die Rechnung oder Mahnung eingegangen sei. Ich habe dieses Verhalten in meiner Tätigkeit als Rechtsanwalt leider bereits oft erlebt, so dass ich von lediglich telefonischen Einwendungen dringend abrate.